KB189992

자존감으로 소통하라

높은 자존감, 건강한 의사소통의 비결

자존감으로 소통하라

초판 1쇄 인쇄일 2025년 02월 24일
초판 1쇄 발행일 2025년 03월 07일

지은이 김남원
펴낸이 양옥매
디자인 표지혜
마케팅 송용호
교   정 조준경

펴낸곳 도서출판 책과나무
출판등록 제2012-000376
주소 서울특별시 마포구 방울내로 79 이노빌딩 302호
대표전화 02.372.1537 **팩스** 02.372.1538
이메일 booknamu2007@naver.com
홈페이지 www.booknamu.com
ISBN 979-11-6752-589-5 (03180)

자존감으로

: 높은 자존감, 건강한 의사소통의 비결

김남원 지음

소통하라.

책나무

자존감의 수준이
의사소통의 모양을 결정한다

나는 팔삭둥이다. 그것도 역태아, 거꾸로 태어났다. 당장 인큐베이터에 들어가야 생존할 수 있었다. 갓 태어난 나에게는 아직 이름이 없었다. "어디에서 왔냐?"는 간호사의 물음에 "남원에서 왔다."는 아버지의 말 한마디가 내 이름이 되었다.

이른둥이인 나는 어린 시절 사시사철 감기를 달고 살았고 얼굴에 마른버짐이 없어질 날이 없었다. 지나칠 정도로 내성적이었고, 숫기도 없었다. 남들 앞에서 의견을 말하거나 주도적인 역할을 하겠다는 것은 상상도 한 적이 없었다. 중학교 시절, 고등학교 입학시험에 떨어졌다. 대학 입시가 아니라 고등학교 입시였다. 그것도 단 한 번도 탈락자가 없었던. 그러자 출신 중학교에서도 한바탕 난리가 났다. 그 부끄러운 역사의 주인공이 바로 나였다.

나는 몹시 약하게 태어났고, 흔들리며 자랐고, 수없이 실패하고, 좌절했다. 이 작은 페이지에 모두 서술하지 못할 만큼 부침도 많았다. 그 덕에 한때 내 자존감은 바닥이고, 매사에 부정적이며, 공격적인 시절도 있었다. 숱한 열등감과 패배 의식으로 그 어떤 희망도 찾지 못하던 혼돈의 시절도 있었다.

그런 내가 지금 '자존감'을 주제로 글을 쓰고 강의를 한다. 물론 나는 여전히 좌절하고, 실패하고, 흔들리고, 어려움을 겪는다. 그러나 분명한 것은 삶을 읽어 내는 '해석'이 달라졌다는 점이다. 바로 그 해석, "그럼에도 불구하고 자존감이 낮을 이유가 하나도 없다."는 메시지를 전하고 싶어서 이 책을 썼다.

나는 대학과 노인복지관 등 평생교육 기관에서 상담심리를 가르친다. 그것이 내 비전이고, 꿈이고, 마음이다. 누군가에게 선한 영향을 주는 글과 치유와 회복을 돕는 가르침을 나누는 것만큼 나를 기쁘게 하는 일이 없다. 그것이 나의 정체성이자 자존감이라고 확신한다. 숱한 실패와 좌절, 그로 인해 낮아진 자존감에 짓눌려 신음하던 내가 선하고, 아름답고, 보석같이 빛나는 정체성과 자존감을 노래하고 있다.

내가 되찾은 바로 그 정체성과 자존감을 여러분에게도 소개하고 싶다. 이 책에는 지금 나의 정체성과 자존감을 만들어 준 요인들이 가득 담겨 있다. 바로 그것들이 이 책을 읽는 당신에게, 자존감이 낮을 이유가 하나도 없다는 사실을 알려 줄 것이다.

이 책이 노래하는 메시지는 분명하다. 나의 자존감 수준이 의사소통의 모양과 내용을 결정한다는 것이다. 따라서 이 책에서는 우리가 자존감이 낮을 필요가 전혀 없는 이유를 분명히 설명하고, 나아가 건강하고 적절한 의사소통 방법을 알려 준다. 더불어 아름답고 풍성한 대인관계를 만드는 실제적 의사소통 방법을 연습하도록 안내한다.

이 책은 크게 두 장으로 구성되어 있다.

Part 1에서는 '당신의 자존감, 낮을 이유가 없다'를 주제로 자존감의 의미와 높은 자존감을 유지하는 방법들을 소개했다. 구체적으로 자존감이 무엇이고, 어떻게 만들어졌으며, 자존감을 높이는 방법과 함께 나쁜 자존감과 좋은 자존감을 구별하는 방법 등을 담았다.

Part 2에서는 '마음을 찌르는 말, 꿀송이 같은 선한 말'이라는 주제로 자존감이 의사소통에 미치는 영향에 관하여 썼다. 나의 자존감 수준이 의사소통에 미치는 영향과 대인관계를 풍성하게 만드는 실제적인 의사소통 기술들을 소개하고, 나아가 일상에서 활용하고 적용할 수 있도록 했다.

더불어 각 장마다 '상처가 별이 된 사람들'이라는 키워드로 인생의 엄청난 사건 가운데서도 좌절하거나 주저앉지 않고 세상에 아름답고 선한 영향력을 끼치는 인물들을 소개했다. 이들이 걸은 삶의 여정은 모든 것을 포기하고 싶고, 좌절과 실패가 너무나 두렵고, 너무 아프고 힘들어 도저히 희망을 찾을 수 없다고 생각한 이들에게 큰 용기를 선물할 것이다.

이 책이 세상에 나오기까지 보석 같은 사람들의 사랑과 도움이 있었다. "자식들만 생각하면 근심 걱정이 사라지고, 날마다 무엇이든 더 주고 싶다."는 세상에서 가장 예쁜 우리 엄마에게 사랑을, "선택은 네가 하고, 책임도 네가 져라."는 아버지께 성실성을 배웠다. 바로 그것이 내 자존감의 원천이 되었다.

"글을 쓰고, 가르치는 일이 비전"이라 말씀하시던 장선철 교수님을 그저 따라 했을 뿐인데 그 아름다운 길을 나도 걷고 있다. 그분 덕에 지금의 내가 있다. 사랑으로 밥을 짓고, 관심과 배려로 찌개를 끓이며 행복한 가정을 꾸려 가는 아내 김현지와 '이쁜 공주님의 아빠'로 살게 해 준 정말 고맙고, 무엇과도 바꿀 수 없는 소중한 내 딸 아은이, 늘 사랑과 배려, 관심과 격려를 선물해 주는 소중한 가족들 모두가 그 주인공이다.

한없이 초라하고 부족한 원고를 책으로 엮어 준 출판사 책과나무 사장님과 편집팀에게 감사를 전한다.

2025년 2월 겨울, 그 푸른 하늘 아래에서

김남원

목차

Part 1

당신의 자존감,
낮을 이유가 없다

1장

자존감
숨바꼭질

또 그 소리다. "자존감(自尊感) 낮아졌다."는 그 소리 말이다. 거의 매일 잃어버린 자존감을 찾는 사람들을 만나고, 그들의 아우성을 듣는다. 이쯤 되면 우리 일상이 자존감 찾기 놀이이자 싸움인 것만 같다. "어떻게 하면 자존감이 높아질 수 있을까요?", "어떻게 하면 자존감을 지킬 수 있을까요?"라는 질문을 마주할 때마다 오히려 내가 묻고 싶었다. "어떻게 하면 자존감이 안녕할까요?"라고 말이다. 그리고 수년 전 본 영화 한 장면이 떠올랐다.

"깨진 항아리에 물을 채우는 방법이 무엇인지 아느냐?"

어느 노승(老僧)의 질문에 답을 찾으려고 스님들과 깡패들이 한

바탕 소동을 벌였다. 서로 해답이라고 주장하는 이야기가 난무하는 그 순간, 갑자기 깡패 두목이 깨진 항아리를 연못에 집어 던졌다. 그리고 말했다. "바로 이것입니다. 깨진 항아리에 물을 채우는 방법 말입니다." 그 말을 듣고 의미심장한 표정의 노승이 대답했다.

"맞았어! 깨진 항아리에 물을 채우는 방법은 연못에 집어 던지는 수밖에 없어! 나도 너희들을 내 마음에 던졌을 뿐이야!"

깨진 항아리는 이유와 모양이 어떻든 우리의 존재 가치는 그 무엇보다 소중하다는 상징이고, 연못에 깨진 항아리를 던지는 행동은 낮은 자존감을 높이는 애먼 방법을 찾으려 말고 자기 존재 자체의 위대함을 깨닫고, 흔들리지 않는 견고한 자존감을 세우라는 메시지다. 그 실제적이고 분명한 방법이 바로 '자존감이 낮을 이유가 없다고 믿는 것'이다.

누군가 당신에게 손가락질하고, 스스로 무가치한 사람이라고 여겨도 마냥 행복을 누리고, 마음껏 사랑받을 충분한 가치가 있기 때문이다. 당신의 존재 가치가 깨진 항아리처럼 느껴져도 상관없다. 당신은 이미 세상 둘도 없는 보석이기 때문이다. 당신이라면, 당신이기에 충분하다.

자존감은 어떤 모양일까? 자존감의 본질과 의미

자존감은 자아존중감(self-esteem)과 그 의미가 같다. 자존감의 사전적 정의는 '스스로 품위를 지키고, 자기를 존중하는 마음'이다.[1] 미국의 심리학자 버지니아 사티어는 자존감이 '소속감', '능력감', '가치감' 등으로 구성된다고 했다. 소속감은 우리가 사는 세상에서 어딘가에 소속되어 있다고 느끼는 것이고, 능력감은 '유능감(有能感)' 혹은 '자기효능감'을 뜻한다. 가치감은 존재 그 자체, 있는 그대로의 나를 인정받고, 누군가에게 사랑받을 가치가 있다고 스스로 생각하는 감정을 의미한다.

자존감은 인간의 거의 모든 영역에서 크고 작은 영향을 미친다.[2] 알프레드 아들러는 "인간은 자존감의 방향을 따라간다."고 했고, 윌리엄 맥도걸은 "자기존중심은 주체적인 정서"라고 했으며, 에디스 제이콥슨은 "자존감은 자기표현과 기대하는 자아 개념 사이의 조화 또는 모순의 표현"이라고 설명했다.[3] 주디스 벨몬트는 자존감을 "객관적인 신념이 아니라 개인의 주관적인 신념"이라고 주장했다.[4]

이를 종합해서 자존감의 본질을 설명하면 다음과 같다.

"자존감은 주관적인 신념으로 누군가가 평가하거나 판단하는 개념이 아니다. 자기 스스로 그렇게 믿고, 그렇게 생각한다면 자존

감이 낮을 이유가 전혀 없다. ˮ

　자기 자신을 소중하고, 가치 있다고 여기지 않으면서 타인의 시선이나 판단, 평가와 기대 등을 지나치게 신경 쓰고 의존하면 그때부터 자존감이 낮아지게 된다. 아동기의 축적된 경험, 타인으로부터 받은 평가, 자신의 행동 평가, 자신이 설정한 기준에 따라 사는 능력 등이 자존감을 형성하는 데 지대한 영향을 주기 때문이다.[5]

　자존감은 스스로에 대해 자신뿐 아니라 타인의 평가를 어떻게 인식하고 해석하느냐에 따라 그 모양이 완전히 달라진다. 자기 자신을 긍정적으로 해석하면 자존감이 높아지지만, 부정적으로 해석하면 자존감이 낮아질 수밖에 없다. 자신을 있는 그대로 인정하고, 누군가에게 사랑받을 충분한 가치가 있으며, 잘하고 좋아하는 일이 반드시 있다고 믿는 유능감을 가질 때 높은 자존감이 형성된다.

　사실 우리는 자존감이 낮을 이유가 하나도 없다. 존재 자체가 귀하고, 보석처럼 반짝반짝 빛나며, 무엇이든 다 잘할 수는 없지만 좋아하고 잘할 수 있는 그 무언가가 반드시 있다고 믿기만 한다면 말이다.

　그런데 이 명제를 이해하고, 삶에 적용하는 게 쉽지만은 않다. 그래서 자신도 모르게 타인의 시선과 평가를 기준으로 스스로를 바라보고, 평가하게 된다. 타인과 자신을 끊임없이 비교하면서 열등감을 느끼고, 유독 나만 왜 그렇게 자존감이 낮은지 모르겠다고 생각하는 것이다.

바로 그 생각과 신념, 가치관이 낮은 자존감을 만들고, 그 낮은 자존감은 대인관계의 어려움으로 나타난다. 그 부정적인 영향으로 건강하지 못하고 적절하지 않은 의사소통을 하게 되는 것은 말할 것도 없다.

자존감을 구성하는 요소: 사랑, 유능감, 자존감

학자들에 따라 자존감의 구성 요소를 조금씩 다르게 설명하는데, '사랑'과 '유능감'이라는 요소는 공통적이다. '자존감은 주관적 신념'이라는 개념도 마찬가지다.

이를 구체적으로 설명하면, 자존감을 구성하는 첫 번째 요소는 '사랑'이다. 자기 스스로 그리고 누군가에게 내 존재만으로도 귀하고 복되고 소중하다고 인정받는 사랑을 말한다. 가장 본질적이면서 필요한 사랑이다.

자존감을 구성하는 두 번째 요소는 '유능감'이다. '어떤 일을 남들보다 잘하는 능력이 있다는 느낌'을 뜻한다. 유능감은 객관적 평가가 필요한 개념이 아니다. 본인이 무엇인가 잘할 수 있다고 생각하는 그 느낌이 유능감이다.

자존감을 구성하는 세 번째 요소는 '자존감은 주관적 신념'이라는 해석이다. 자존감은 누군가가 혹은 나 스스로 어떤 성과나 업적, 기술이나 경험 등을 객관적 도구를 사용해서 분석하거나 평가한 개념이 결코 아니다. 스스로 존재만으로도 충분히 사랑받고, 유능감 있는 존재라고 여기는 주관적 신념이 자존감이다.

이를 바탕으로 자존감을 새롭게 정의하면 다음과 같은 문장으로 설명할 수 있다.

> *"내 외모, 내가 자란 환경과 배경, 우리 집 경제력, 내 인간관계의 양과 질이 어떻든 '나는 사랑받을 만한 충분한 가치가 있고, 반드시 좋아하고 잘하는 게 있다.'고 믿는 개인의 신념이 자존감이다."*

수많은 현대인이 자신의 낮은 자존감에 대해 호소한다. 낮은 자존감이 건강하지 않고 적절하지 않은 의사소통으로 이어지고, 결국 대인관계의 어려움으로까지 번진다는 사실을 기억해야 한다. 모든 문제의 시작점이 낮은 자존감이라 해도 과언이 아니다. 따라서 현재 나의 자존감 수준, 낮은 자존감이 만들어진 원인과 사건을 파악하는 것이 매우 중요하고, 필요하다.

사랑과 유능감, 그리고 주관적 신념이라는 키워드로 자존감을 이해하고, 삶에 적용한다면 우리는 자존감이 낮을 이유가 정말 하나도 없다. 누구나 이 사실을 깨닫는다면 낮은 자존감 수준이 올라가고, 의사소통의 변화가 나타난다. 이것이 본질적인 의미의 회복이자 힐링(healing)이다.

자존감이 낮아지는 세대별 원인

자존감은 우리가 잉태되는 순간부터 성장하고 발달하는 모든 과정에서 형성되는데, 특히 어린 시절 경험이 평생의 자존감에 큰 영향을 미친다. 무엇보다 삶의 가장 초기 단계부터 마주하는 환경과 양육 방식이 자존감 발달의 근간이 된다.

• 유아기

인간은 누구나 태어나는 순간부터 눈물겨운 고생을 한다. 생후 30개월 이전에는 부모가 그 힘든 일을 상당 부분 대신해 주기 때문에 고단함을 잘 모를 뿐이다. 갓난아이들이 사는 것도 녹록지는 않다. 수천만 번 넘어지는 실패를 통해서 걸음마를 배우고, 수억 번 이상 옹알이를 하면서 언어를 배운다. 이 과정에서 부모를 비롯한 양육자로부터 긍정적인 평가를 듣는다면 자존감이 높아지지만, 적절한 격려와 칭찬을 받지 못하면 자율성 대신 수치심을 학습해서 자존감이 떨어질 수밖에 없다.

• 청소년기

청소년기는 자아정체성을 확립하는 시기다. 자존감이 높은 청소년일수록 건강한 자아정체성을 확립한다. 높은 자존감이 원만한 친구 관계, 학업 성취 등에 긍정적인 영향을 미치고, 이것이 건강한 자아정체성 확립에 지대한 영향을 미치기 때문이다. 여기서 말하는 학업 성취는 우수한 성적만을 의미하는 게 아니다. 본인이 좋아하고, 관심 있는 분야에 집중하는 힘을 뜻한다.

만약 청소년기에 건강한 자아정체성을 확립하지 못하면 정신적·감정적으로 큰 혼란을 겪으면서 자존감이 낮아지게 된다. 청년들의 자존감 수준은 진로 발달과 취업, 대인관계에도 영향을 미친다.[6]

• 청년기

포털사이트 알바천국이 지난 2017년 1월 23일부터 31일까지 전국 20대 616명을 대상으로 '20대의 자존감을 말하다'를 주제로 설문 조사를 실시했다. 현재 나의 자존감 상태에 대한 질문에 응답자 40.6%가 '자존감이 낮다'고 했다. '자존감이 높다'고 응답한 20대(24.4%)보다 두 배가량 많았다. '자존감 수준이 보통'이라고 응답한 청년 비율은 35.1%였다. 설문 조사 응답자 열 명 중 네 명이 자존감이 낮고, 열 명 중 세 명 이상은 자존감이 높지도 낮지도 않았다.

이 설문 조사가 시사하는 바가 크다. 이 조사에 참여한 20대 청년 대부분 스스로 혹은 타인에게 존재만으로 사랑을 받거나 유능감을 인정받는 경험을 하지 못하고 있다는 의미로 해석할 수 있기 때문이다. 그만큼 자기 자신을 소중하게 여기지 않고, 무엇인가 해낼 수 있다는 효능감과 자신감이 없다는 것이다. 낮은 자존감이 생긴 이유를 살펴보면 더 심각하다.

설문 조사에 참여한 20대들이 자존감이 낮은 이유로 꼽은 것은 '비교 의식'으로 나타났다. 언제 자존감이 낮아지는지를 물은 항목에 무려 27.6%가 '행복해 보이는 지인의 SNS를 볼 때'라고 응답한 것이다. 그다음이 '취업이 안 될 때(22.7%)', '가족의 기대에 부응하지 못할 때(21.9%)', '친구 또는 상사와 갈등(11.9%)', '외모가 불만족스러울 때(11%)' 등의 순이었다.

그 아름다운 시절을 남과 비교해서 자기 자신을 평가하고, 판단하고, 사회적으로 인정받는 그 무엇인가를 가지지 못하면 무가치하다고 느끼고 있다. 지금 당장 그들에게 "당신은 존재만으로도 소중하고, 유능감과 효능감을 가진 존재"임을 알려 줘야 한다.

• 중년 이후

한편, 중년 이후 자존감은 '역할 상실'의 영향을 받는다. 주로 남성들은 사회적 은퇴로 인한 역할 상실을, 여성들은 빈둥지증후군(자녀를 독립시킨 중년 여성들이 느끼는 심리적 박탈감)을 호소하면서

자존감이 낮아지는 경향을 보인다.[7]

물론 요즘은 여성들의 사회 진출이 보편화되면서 은퇴로 인한 역할 상실이 남성들의 전유물만은 아니다. 더불어 '남성 갱년기'라고 불리는 시기를 지나면서 중년의 남성들도 빈둥지증후군을 호소한다.

공통점은 역할 상실이다. 내가 더는 개인 혹은 가정, 사회에서 할 일이 없다고 느끼면서 자존감이 낮아지는 것이다. 그들에게 새로운 역할 부여를 통해 끝나지 않는 소중한 역할이 있음을 알려 줄 필요가 있다.

은퇴를 영어로 'retire'라고 하는데, re-tire로 해석하면 '자동차 타이어를 갈고 새로운 시작을 한다'는 의미로 재해석할 수 있다. 더불어 빈둥지증후군을 '다시 찾은 자유 혹은 나'로 여기며 더 힘차고, 더 멋지고, 더 영향력 있는 제2의 인생을 살도록 격려하고 응원해야 한다. 그래야 중년기 이후 자존감을 지킬 수 있다.

자존감이 낮은 사람 VS 자존감이 높은 사람

자존감이 낮은 사람과 높은 사람이 보이는 특징은 하늘과 땅 차이다. 그렇다면 각각 어떠한 특징을 가지는지 살펴보자.

• 자존감이 낮은 사람의 다섯 가지 특징

자존감이 낮은 사람은 허풍과 과장이 심한 경향이 있다. 타인을 비난하고, 자기 합리화를 하는 특징도 보인다. 더불어 변화를 거부하고, 스스로 고립되거나 타인의 무리한 부탁을 제대로 거절하지 못한다. 성격적으로 완벽주의 성향을 보이거나 '착한 사람 콤플렉스'를 보이는 경우도 많다.[8]

이런 특성이 나타나는 데는 이유가 있다. 그렇게 하지 않으면 그 사람이 나를 떠날까 봐 두렵기 때문이다. 그래서 자기 생각과 감정을 철저하게 감추고, 타인이 원하는 방향으로 행동하는 경향을 보이는 것이다. 얼핏 보면 타인을 배려하는 성향처럼 생각될 수 있지만, 자기 생각과 감정, 욕구를 적절하고 건강한 방법으로 표현하지 못하는 일이 계속 쌓이다 보면 결국 대인관계의 파국을 맞게 된다.

자존감이 낮은 사람의 특성을 구체적으로 설명하면 다음과 같다.

[자존감이 낮은 사람의 특징 1] 허풍과 과장이 심하다.

그 이유가 무엇일까? 있는 그대로 내 모습을 타인에게 보여 주기 어렵기 때문이다. 나를 감추고 싶어 하는 것이다. 나를 있는 그대로 드러내 보일 용기가 도저히 나지 않기 때문이다. 타인이 나를 어떻게 생각하고 평가할까에 지나치게 몰두하는 데서 나타나는 현상이다.

[자존감이 낮은 사람의 특징 2] 타인을 비난하고, 자기를 합리화한다.

'합리화'란 부정적인 면이 있는 사건을 긍정적으로 포장하려는 방어기제를 뜻한다. 이를 이솝우화 〈여우와 신 포도〉가 잘 설명한다. 여우가 먹고 싶은 포도가 너무 높이 달린 것을 보고 "저 포도는 신 포도야."라고 여겼다는 이야기다. 이처럼 합리화는 원하는 목표 행동을 하지 못하는 상황에서 그럴듯한 이유나 변명을 들어 자신의 실패나 좌절을 정당화할 때 사용하는 방어기제다.[9]

어떤 사람은 생각과 행동, 의사소통 내용이 매사에 부정적이다. 늘 타인을 비난하고, 공격한다. 그러면서 자기 생각과 감정, 정서와 행동이 옳다고 끊임없이 합리화한다. 이 또한 자존감이 낮은 사람에게서 나타나는 특징이다.

자존감이 낮을수록 타인을 비난하고, 공격하고, 자기 합리화에 자주 빠지는 데 여기에 숨겨진 상처가 있다. 바로 '열등감'이다. 열등감은 다른 사람과 자신을 끊임없이 비교하면서 스스로 뒤떨어졌다거나 능력이 없다고 생각하는 감정이나 의식을 말한다.[10] 결국 자신의 열등감을 감추기 위해서 타인을 비난하거나 공격하는 것이다.

그러면서 자신은 괜찮은 사람이고, 그럴 수밖에 없는 타당한 이유가 있다고 합리화한다. 이와 같은 특성을 보이는 사람들의 자존감 수준이 낮을 수밖에 없고, 그들의 의사소통 패턴과 방식은 시종일관 "You're Not OK, I'm OK(너는 틀렸고, 나는 옳아!)"다. 자기 자신은 물론이고, 타인과 건강한 관계 맺기가 어려울 수밖에 없다.

[자존감이 낮은 사람의 특징 3] **변화를 두려워한다.**

늘 그 자리에서 머무르고 싶어 한다. 새로운 도전을 두려워하고 주저한다. 실패하고, 좌절할까 봐 겁이 나기 때문이다. 만일 도전에 실패한다면 주위 사람들이 그런 자신을 이해하지 못하고 더는 사랑과 관심을 주지 않을 것이라는 막연한 두려움에 사로잡혀서 변화를 거부한다.

그런데 계속 변화를 거부하면 성장과 성숙이 멈추고, 고립과 단절을 반복하는 상황이 벌어지기도 한다. 고립과 단절이 병적으로 심해지면 대인관계와 사회생활을 완전히 거부하는 형태로 이어진다. 사회생활에 적응하지 못하고, 집 안에만 틀어박혀 사는 '은둔형 외톨이'가 여기에 해당한다.

[자존감이 낮은 사람의 특징 4] **완벽주의를 추구하는 경향이 있다.**[11]

인간은 그 누구도 완벽할 수 없다. 완벽할 수 없다는 것을 인정하는 것 자체가 심리적으로 건강하다는 증거이기도 하다. 그런데 많은 경우 모든 분야에서 성과를 내고, 무슨 일이든 해낼 수 있어야 능력이 있다고 믿는 것 같다. 그렇게 해낸 사람만이 성공했다고 여기는 인식이 존재하는 것 같아 염려된다.

절대 그렇지 않다. 인간은 그 누구도 완벽하지 않고, 완벽할 수도 없다. 그럼에도 완벽주의를 추구하면서 괴로워하고 고통받는 사람들이 너무 많다. 그들의 내면을 들여다보면 공통적으로 자존감 수준이 낮다는 것을 확인할 수 있다. 불가능한 완벽주의를 추구하면 결국 실패하고, 좌절하고, 스스로 쓸모없는 사람이라 여기게된다. 그 증상이 깊어지면 자존감이 낮아지고 우울증과 무가치함을 호소하게 된다.

[자존감이 낮은 사람의 특징 5] 착한 사람 콤플렉스가 있다.

착한 사람 콤플렉스란 '착한 아이 증후군'이라고도 하며, '남의 말을 잘 들어야 착한 사람'이라고 생각하는 강박관념을 말한다. 착한 사람 콤플렉스는 말 그대로 타인에게 착한 사람이라는 반응을 얻기 위해 내면의 욕구나 소망을 억압하는 말과 행동을 반복하는 심리적 콤플렉스를 뜻한다. 성인이 되어서도 그 증상이 동일하게 나타나는 특징이 있다.

정도의 차이가 있을 뿐, 누구에게나 타인에게 좋은 사람, 착한 사람으로 보이고 싶은 욕구가 있다. 하지만 그 욕구를 충족하는 것은 안타깝지만 불가능하다. 인간은 도저히 완벽할 수 없고, 완벽해서도 안 되며, 누군가에게 상처를 주고, 또 누군가에게 상처받을 수밖에 없는 존재이기 때문이다.[12]

착한 사람 콤플렉스 증상이 심각하면 부모를 포함한 타인을 지나치게 의식하면서 자기 자신을 잃어버리고 타인만을 위해서 살고자 한다. 결말은 뻔하다. 좌절하고, 엄청난 상처만 남을 뿐이다. 착한 사람 콤플렉스 또한 자존감이 낮은 사람들이 보이는 전형적인, 건강하지 않은 특징 중 하나이다.

착한 사람 콤플렉스를 가진 사람들의 의사소통 패턴과 방식이 있다. 안정적인 대인관계를 이어 가기 위해서 타인의 무리한 부탁을 거절하지 못하는 것이다. 그들은 "I'm Not OK, You're OK(나는 틀렸고, 당신이 옳아!)" 형태의 의사소통을 자주 한다. 들어주기 힘든 부탁마저 거절하기를 힘들어한다. 부탁을 들어주지 않으면 그 사람이 나를 떠날까 봐 두렵기 때문이다.

이러한 의사소통 패턴과 방식이 반복되면 결국 폭발할 수밖에 없다.[13] 인간은 한계가 있는 존재이기 때문이다. 궁극적으로 건강한 의사소통과 대인관계가 불가능할 수밖에 없다.

```
┌─────────────────────────────────────────────┐
│      * 자존감 낮은 사람의 특징 *                  │
│                                               │
│    허풍과 과장                                   │
│    타인 비난, 자기합리화                          │
│    변화 거부, 고립, 거절 못 함                     │
│    완벽주의, 착한 사람 콤플렉스                     │
└─────────────────────────────────────────────┘
```

• 자존감이 높은 사람의 다섯 가지 특징

한편 자존감이 높은 사람은 스스로에 대해 높은 만족감이 있다. 타인의 감정과 생각, 상대방의 처지와 상황 등을 잘 파악할 수 있기 때문에 공감 능력과 EQ 능력(감성지수)이 매우 뛰어나다. 사람에게 관심과 애정이 많아서 인정이 많고, 소속된 그룹에서 리더 역할을 할 자질이 있다. 매사에 부정적인 생각보다는 '괜찮아', '할 수 있어' 등 희망적인 생각을 더 많이 한다. 자신과 타인을 바라보는 시선 또한 긍정적이다.

자존감이 낮은 사람과 높은 사람의 결정적 차이는 '자신과 타인을 어떻게 바라보느냐'이다. 긍정적이고 희망적인 시선을 가지고 있으면, 타인이 나를 떠날까 봐 두려워서 자기 생각과 감정을 감출 필요가 없다. 자기 생각과 마음이 의사소통 내용과 일치해서 본인은 물론이고, 상대방에게 호감을 주는 의사소통이 가능하다.[14]

자존감이 높은 사람의 특징은 다음과 같다.

[자존감이 높은 사람의 특징 1] 높은 자기 만족감을 가지고 있다.

그래서 자기 자신을 바라보는 시선이 긍정적이다. 그들은 "I'm OK, You're OK(나도 옳고, 당신도 옳다!)" 형태의 의사소통을 한다. 이는 자신의 단점이나 부족함을 인정하면서도 전체적인 자신의 가치를 인정할 줄 아는 균형 잡힌 시각에서 비롯된다. 스스로 완벽해서가 아니다. 잘나서도 아니다. 스스로 사랑받을 수밖에 없는 존재라고 여기고, 유능감을 가진 존재라고 확신하기 때문이다.

[자존감이 높은 사람의 특징 2] 공감 능력과 EQ 능력(감성지수)이 발달해 있다.[15]

이는 자신의 감정을 잘 이해하고 조절하는 능력이 타인의 감정을 읽고 공감하는 능력으로 발전하기 때문이다. 공감 능력은 상대방의 상황이나 기분, 감정 등을 느끼는 것이고, EQ 능력은 자신의 감정을 적절하게 조절해서 원만한 인간관계를 구축하는 '마음의 지능지수'를 뜻한다.[16] 그 영향 덕분에 자기 자신을 긍정적으로 바라보는 것은 물론이고 타인과 상황에 대해서도 긍정적으로 바라본다. 자신이 겪지 않은 일이어도 상대방의 일을 내 일처럼 여기고 때와 장소, 상황에 맞는 반응을 할 줄 안다.

[자존감이 높은 사람의 특징 3] 사람과 상황을 긍정적으로 이해하고, 수용하려는 자세를 가지고 있다.[17]

이는 스스로에 대한 건강한 자신감과 안정감이 타인을 향한 여유로운 태도로 이어지기 때문이다. 자존감이 높은 사람과 대화하면 할수록 상대방이 긍정적인 에너지를 선물 받는 이유가 바로 여기에 있다. 기본적으로 긍정적이고, 진취적이며, 상대방의 입장에서 이해하고 수용하려는 자세를 보인다.

[자존감이 높은 사람의 특징 4] 자존감이 높은 사람은 인정이 많다.[18]

자기 자신과 타인에 대한 긍정적인 관심과 애정이 많기 때문이다. 이는 자신의 가치를 충분히 인정하는 사람이 타인의 가치도 자연스럽게 발견하고 인정할 수 있는 여유를 가지는 데서 비롯된다. 그 영향으로 자존감이 높은 사람들은 어느 그룹에 가더라도 리더가 될 가능성이 크다. 타인에게 그만큼 긍정적인 영향력을 주기 때문이다.

[자존감이 높은 사람의 특징 5] 자존감이 높은 사람들은 희망적인 생각을 한다.[19]

생각이 긍정적이고, 건강하기 때문이다. 이러한 긍정적 사고는 자신에 대한 깊은 신뢰에서 비롯된다. 어떤 순간에도, 어떤 좌절과 고통을 겪을지라도 결국에는 괜찮아질 거라는 희망적인 생각이 본인과 타인을 사랑받을 수밖에 없는 존재로 여기게 하고, 숱한 실패에도 유능감이 있는 존재라고 믿게 만든다.

사람의 마음은 아무것도 그려지지 않은 하얀 도화지와 같다. 그 하얀 마음에 누가 어떤 그림을 그리냐에 따라 자존감 수준과 모양, 의사소통 패턴과 방식이 완전히 달라진다. 마음의 평화와 높은 삶의 질을 얻는 가장 손쉬운 방법은 자기 자신과 타인을 사랑받을 수밖에 없는 존재로 인식하고, 내가 좋아하고 잘하는 일이 반드시 있다고 여기는 것이다.

＊ 자존감 높은 사람의 특징 ＊

높은 만족감, 공감 능력과 EQ 능력
긍정적 이해와 수용
인정 많고, 리더 자질
희망적인 생각

그렇다고 자아와 자존감이 죽는 것은 아니다

2022년 캐나다 Medical Assistance in Dying, MAID의 〈조력
자살보고서〉에 따르면, 질병으로 인한 신체적 고통이 조력자살 원
인의 최우선 순위가 아니었다. 그들이 조력자살을 선택하는 가장
큰 원인은 '의미 있는 활동을 못 하게 되는 것'과(86.3%) '일상생활
의 수행 능력을 잃은 것'이었다(81.9%). 결국, 삶의 의미를 잃은 정
신적 고통이 조력자살을 선택하는 주요 원인이었다. 이는 일반 사
람들이 정신적 고통 때문에 자살하는 이유와 별 차이가 없다.

캐나다의 조력 사망 전문의 스테파니 그린은 《나는 죽음을 돕
는 의사입니다》라는 책에서 사람들이 조력자살을 하는 이유에 대
해 "나 자신으로 남아 있을 때 죽고 싶다."라고 밝혔다. 병상에 있
는 자신의 모습이 망신스럽고, 남의 도움을 받는 것을 견디기 어렵
고, 삶의 의미를 더 이상 찾지 못하는 정신적 고통이 조력자살을
선택하는 이유라는 것이다. 이처럼 자아 및 자존감의 상실이 조력
자살의 가장 큰 이유다.

한국인의 정서도 크게 다르지 않다. 2023년 한 신문사에서 스
위스 조력자살 단체에 가입한 한국인 20명을 심층 인터뷰한 적이
있었다. 한 회원은 인터뷰에서 자신이 조력자살 단체에 가입한 이
유에 대해 이같이 밝혔다.

"이렇게 사는 것이 인간다운 삶이 아니기에 하루라도 가족에게 부담을 덜 주고, 질 좋게 죽기 위해 회원 가입했다."

건강을 잃은 내 상태를 '자아 및 자존감이 죽었다'고 여긴 것이다. 이들에게 가장 필요한 건 무엇일까? 참자아를 찾게 해 주는 '정신적 지지'다. 참자아는 육체 기능에 있지 않다. 내가 침상에서 돌봄을 받아야 하고 정신마저 혼미하지만, '나는 변치 않는 사랑을 받는 존재'라는 것이 참자아의 실재다. 아무리 육신과 정신이 연약해도 당신이 살아 숨 쉬는 것만으로도 가족과 이웃에게 얼마나 큰 기쁨이 되는지를 알려 주는 것이다.

사람은 누구나 연약하게 태어나 누군가의 도움으로 삶을 시작했다. 성장해서 잠시 남을 돕다가 다시 연약해지면 남의 도움을 받으며 죽어 간다. 내 자아 그리고 자존감으로만 여겨지던 화려한 인생의 꽃이 지는 때가 온다. 그렇다고 자아와 자존감이 죽는 것은 아니다. 그 자리에 열매가 맺히고, 다음 세대로 이어지는 씨앗이 담겨 있다.[20]

누구나 자존감이 낮을 때가 있고, 그로 인해 건강하고 적절하게 의사소통하지 못하는 경우가 생긴다. 삶을 업신여기기도 하고, 포기하고 싶을 때도 있다. 그러나 앞서 말했듯 그렇다고 자아와 자존감이 죽는 것은 아니다. 자신과 타인을 부정적으로 바라볼 필요가 전혀 없다. '그럴 수도 있어.', '실패하고, 실수할 수도 있어.', '내가 요즘 자존감이 낮아졌구나.'라고 성찰하면서 이렇게 생각해 보는 건 어떨까?

> "나는 존재 자체만으로도 사랑받을 수 있고, 무엇이든 다 잘할 수는 없지만, 좋아하고 잘하는 게 분명히 있다."

이 사실을 반드시 기억해야 한다. 바로 그것이 높은 자존감을 유지하고, 스스로와 타인에게 호감을 주는 가장 효과적인 방법이다.

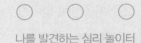

자존감
알아채기

    일상생활, 사회관계, 대인관계에서 건강하지 못한 의사소통을 하고 있다면, 큰 어려움을 겪고 있다면 현재 자존감 수준이 낮다는 것을 의미할 수 있다. 현재 당신의 자존감 수준을 파악하고, 낮은 자존감이 형성된 이유와 그 요인을 파악하는 게 중요하다. 무엇보다 자기 자신을 있는 그대로 수용하고, 사랑받을 가치가 충분히 있으며, 좋아하고 잘하는 일이 반드시 있다고 주관적으로 믿는 게 중요하다. 아래 활동은 현재 당신의 자존감 수준을 파악하는 도구다. 자존감의 4가지 하위영역도 파악할 수 있다.

● 자아존중감 검사[21]

1	2	3	4
전혀 그렇지 않다	약간 그렇지 않다	약간 그렇다	아주 그렇다

1. 나는 내가 다른 사람이었으면 한 적이 거의 없다.	1 2 3 4
2. 나는 여러 사람 앞에서 이야기하는 것이 어렵지 않다.	1 2 3 4

3. 나에게는 고쳐야 할 점이 별로 없다.	1 2 3 4
4. 나는 어렵지 않게 마음을 결정할 수 있다.	1 2 3 4
5. 나는 다른 사람들과 재미있게 지낸다.	1 2 3 4
6. 가족 중에 나에게 관심을 보여 주는 사람이 있다.	1 2 3 4
7. 나는 새로운 것에 쉽게 익숙해지는 편이다.	1 2 3 4
8. 나는 친구들과 잘 어울리며 인기가 있는 편이다.	1 2 3 4
9. 우리 가족은 나에게 지나친 기대를 하지 않는다.	1 2 3 4
10. 우리 가족은 대체로 내 기분을 잘 이해해 주는 편이다.	1 2 3 4
11. 나는 매사를 쉽게 포기하지 않는 편이다.	1 2 3 4
12. 나는 비교적 남보다 행복한 편이다.	1 2 3 4
13. 나는 대체로 계획적이고 안정된 생활을 한다.	1 2 3 4
14. 대체로 다른 사람들이 내 생각을 따라주는 편이다.	1 2 3 4
15. 나는 나 자신에 대해 내세울 것이 많다고 생각한다.	1 2 3 4
16. 집을 나가 버리고 싶다는 생각을 거의 해본 적이 없다.	1 2 3 4
17. 내가 하는 일은 거의 뜻대로 된다.	1 2 3 4
18. 나는 몸매와 외모가 멋진 편이다.	1 2 3 4
19. 나는 할 말이 있을 때 대체로 그 말을 하는 편이다.	1 2 3 4
20. 우리 가족들이 나를 잘 이해하고 있다.	1 2 3 4
21. 다른 사람들에 비해서 나는 사랑을 많이 받는 편이다.	1 2 3 4
22. 가족들이 나를 미워하는 것 같지는 않다.	1 2 3 4

23. 내가 하는 일에 대해 항상 자부심을 느낀다.	1 2 3 4
24. 나는 모든 것이 그다지 어렵게 생각되지는 않는다.	1 2 3 4
25. 나는 다른 사람이 나에게 의지해도 될 만큼 강하다.	1 2 3 4

● **자아존중감 검사의 4가지 하위영역의 문항 분석과 채점**

전혀 그렇지 않다 1점, 약간 그렇지 않다 2점, 약간 그렇다 3점, 아주 그렇다 4점으로 계산해서 합산 점수가 높을수록 현재 자존감 수준이 높고, 낮을수록 현재 자존감 수준이 낮다고 해석할 수 있다.

하위 영역	문항 번호	합계	본인 점수	총점
자기 비하	1, 3, 11, 15, 16	20		
타인과의 관계	6, 7, 9, 10, 20, 21, 22	28		
지도력과 인기	2, 5, 8, 14, 18, 25	24		
자기주장과 불안	4, 12, 13, 17, 19, 23, 24	28		

다시 무대에,
가수 김혁건

　김혁건은 우리나라에서 손꼽는 고음을 내는 가수다. 2003년 2 인조 남성 그룹 '더 크로스'로 데뷔해 발표한 〈Don't Cry〉라는 곡이 그것을 증명한다. 그의 라이브 무대를 본 관객들이 크게 동요했고, 우리나라 고음 가수 중에서도 으뜸이라는 평가를 했다.

　2012년이었다. 그는 오토바이를 타고 가던 중 불법 유턴한 자동차와 정면충돌하는 큰 사고를 당했다. 그 누구도 그가 살 수 있다는 희망을 품지 못할 정도로 엄청난 사고였다. 불행 중 다행으로 목숨은 건졌지만, 목이 부러지면서 어깨 아래로는 감각이 없고, 몸을 전혀 움직이지 못하는 사지 마비 장애인이 되고 말았다. 치료 과정은 말할 것도 없이 고통스러웠다. 뒤통수, 엉덩이, 허벅지, 다리가 썩어서 매일매일 긁어냈고, 혈액 투석도 했다. 그 아프고 힘든 시간을 2년 넘게 버텼다. 다시 노래하고 싶다는 신념이 그를 일으켰고, 견디게 했다. 그래서 좌절하거나 포기하지 않았다.

　그가 다시 노래하기를 얼마나 소망하는지를 아는 사람들이 도왔다. 배를 눌러 주어 복식호흡을 도와주는 로봇 보조 장치를 만들어 다시 노래할 수 있게 도운 것이다. 가족을 비롯한 수많은 이들의 도움과 피나는 재활과 노력 끝에 그가 다시 무대에 선 모습을 볼 수 있게 됐다.

김혁건은 본인처럼 갑작스러운 사고로 장애인이 된 사람들을 위로하고, 장애인과 그 가족들을 돕고 싶다는 새로운 꿈을 꾸며 학업에도 매진했다. 그 결과 장애인 관련 주제로 박사 학위를 받고, 현재 오산대학교 실용사회복지과 겸임교수로 재직 중이다.

2장

자존감,
너 어디서 왔니?

자존감은 어디에서 왔을까? 어떻게 만들어질까? 한마디로 설명하기 매우 어려운 질문이지만, 학자 대부분이 자존감은 '환경 및 학습(경험)의 결과'에 따라 만들어진다고 주장한다.[22 23 24 25 26] 이러한 자존감의 기본적 토대는 우리 삶의 시작점에서부터 형성된다. 인간은 누구나 태어나는 순간부터 타인과 상호작용하고, 학습하며 얻은 결과를 바탕으로 생존한다. 바로 이 과정이 자존감의 원천이 된다.[27]

개인을 둘러싸고 있는 환경과 문화, 역사와 정서 등을 보고, 듣고, 만지면서 느낀 경험의 총체적인 결과가 자존감을 형성한다는 의미다.[28] 즉, 자존감은 개인의 경험에서 기인하고, 그것을 어떻게 해석하고 수용하느냐에 따라 자존감의 모양과 수준이 완전히 달라진다.

우리는 지금 형성된 자존감이 어디에서 왔는지 파악할 필요가 있다. 특히 자존감이 낮은 사람이라면, 원인과 배경을 파악해야 진정한 치유와 회복의 길을 걸을 수 있기 때문이다. 진정한 치유와 회복의 목표는 '과거의 고통을 인정하되, 과거가 현재보다 나에게 강한 영향을 끼치는 것을 단호하게 거부하는 것'이다. 과거에서 배우고, 치유하고, 성장하는 것이다. 과거의 상처를 억누르는 대신 인정하는 것이다. 그래야 비로소 자유로워질 수 있다.[29]

그런데 한 개인의 자존감이 어떻게 형성되었는지 파악하는 일은 그리 간단하지 않다. 매우 다양한 요인들이 자존감 형성에 영향을 미치기 때문이다. 자존감을 형성하는 데 영향을 주는 요인은 ▶ 국가와 민족, 세대에게 물려받은 특성 ▶개인의 환경과 학습(경험)에 대한 주관적 평가 ▶내가 바라보는 나 ▶타인이 평가하는 나 ▶ 타인과의 비교 ▶부모의 영향 ▶완벽주의 추구 경향 등으로 구분할 수 있다.

국가와 민족, 세대에게 물려받는 특성

국가마다, 민족마다, 세대마다 독특한 특성과 문화가 있기 마련이다. 그 특성과 문화가 개인의 가치관과 신념에, 그 가치관과 신념이 개인의 생각과 의사소통에, 궁극적으로는 개인의 자존감에 영향을 미친다.

전 세계 누구나 그가 속한 국가와 민족, 세대에게 물려받은 특성이 있다. 한국 사람만이 가진 독특한 특성과 문화, 정서도 분명히 있다. 국가와 민족, 세대에게 물려받은 특성은 빠르게 변화하는 시대와 사회, 가치관과 문화를 따라 그 면모를 달리하기도 한다.

보편적으로 한국 사람들은 개인보다 사회적 위치나 역할 중심의 문화권에서 살고 있는데, ▶유교 사상과 효(孝) ▶가족주의 ▶연고주의(緣故主義)와 동류의식(同類意識) ▶정(情)과 한(恨) ▶가치관의 변화 ▶눈치와 체면과 같은 특징이 한국 사람들의 문화, 정서에 영향을 주는 대표적인 요인이다.[30] 한국 사람들이 가지고 있는 국가와 민족, 세대에게 물려받은 특성을 하나씩 살펴보자.

• 유교 사상과 효

한국인의 특성과 문화, 가치관과 정서 등에 가장 큰 영향을 준 요인을 꼽으라면 '유교 사상'이라고 할 수 있다. 유교 사상에서는 특히 '효'를 강조한다. 한국 사람들은 전통적으로 효를 중심으로 질서를 유지하려는 정서가 강하다. 또한 유교 문화에서는 독립적인 개인보다 인간관계에서의 개인을 중시하는 특징이 있다. 그래서 개인이 속한 상황과 체계에서의 역할을 매우 강조한다. 더불어 생명이 부모로부터 시작되었기에 자녀는 당연히 부모를 섬겨야 한다는 신념이 강하다.

물론 현대 사회에 와서 이와 같은 유교 문화와 효 사상의 영향이 상당히 줄어들긴 했다. 그럼에도 유교 사상과 효 사상을 중심으로 형성된 한국 사람들의 독특한 특성과 문화, 가치관과 정서가 있다. 그 영향으로 타인 혹은 사회적 평가를 지나치게 의식하고, 타인과 사회가 요구하는 역할을 제대로 해내지 못했거나 기대에 미치지 못했다고 판단하면 낮은 자존감을 형성하게 된다.

• 가족주의

사람이라면 누구나 가족을 사랑하고, 우선순위에 둔다. 이 또한 유교 사상과 효 사상의 강력한 영향으로 해석할 수 있다. 가족주의는 집단으로서의 가족을 개개의 가족 구성원보다 중시하고, 가족적 인간관계를 가족 이외의 사회관계에까지 의제적으로 확대 적용하려는 신념이다.[31] 한국 사람들은 특히 가족주의가 강하다.

물론 가족주의가 나쁜 것만은 아니다. 가족을 사랑하고, 우선순위에 두는 것은 당연하다. 문제는 지나친 가족주의가 개인을 희생자로 만들 수 있다는 점이다. 전통적으로 한국 사회에서 남자들은 가정 경제를 책임져야 하고, 여성들은 부모 부양과 가사, 자녀 양육을 도맡아 하면서 개인의 삶이 등한시되는 경향이 있었다. 이와 같은 가족주의의 부정적인 영향이 개인의 자존감 형성에도 좋지 않은 영향을 미치기도 한다.

• 연고주의와 동류의식

앞서 언급한 가족주의의 영향으로 한국 사람들은 연고주의(緣故主義)를 바탕으로 한 대인관계를 맺는 경향이 있다. 그것을 '연줄(connections)'이라고 한다. '인연이 닿는 길'을 뜻하는데, 한국에서는 끈이나 유대를 의미한다.

한국 사람들은 처음 만나는 사람에게 성, 이름, 나이, 고향, 학벌 등을 묻고, 자신과 어떠한 친소 관계가 있는지를 가늠하는 경향이 있다. 혈연, 지연, 학연, 업연 등의 연줄을 형성하고, 연계집단을 구성해서 여러 문제를 해결하려고 한다.[32] "몇 살이세요?", "고향이 어디세요?"라고 묻는 것이 연줄을 강조하는 대표적인 행동이다. 연줄에 의해 만들어진 대인관계가 빈약해서 소속감을 충족하지 못했거나 연줄이 없어서 대인관계를 맺는 데 한계가 있다고 여길 때 낮은 자존감을 형성할 수 있다.

동류의식(同類意識)도 이와 비슷한 맥락이다. 상대와 나를 동질화시키려는 의식을 '동류의식'이라고 한다. 한국 사람들의 일상생활에서 동류의식이 드러나는 경우가 상당히 많다. 예를 들어 식당에서 같은 음식을 주문하거나 끊임없이 상대와 공통점을 찾으려는 노력이 여기에 해당한다. 같은 학교, 종교, 취미 등을 물어보는 것도 같은 목적이다. 둘 사이에 공통점이 정말 없으면 '단군의 자손'이라는 공통점이라도 만드는 게 한국 사람들의 강력한 동류의식이다.

한국인들이 동류의식을 강조하는 이유는 친밀감 형성에 가속이 붙기 때문이다. 21세기 들어 가치관이 개인주의를 강조하는 것으로 변화되었다고는 하지만, 여전히 한국 사람들 사이에서는 강력한 동류의식이 작용하고 있다. 문제는 동류의식을 적절하게 느끼지 못하거나 찾지 못하면 소외감을 느끼게 되는데, 그때 낮은 자존감을 형성할 수 있다는 점이다.

• 정(情)과 한(恨)

한국 사람들은 강한 소속감에서 비롯된 정서적인 안정 욕구가 매우 강하다. 대인관계에서 서로 사랑이나 친근감을 느끼는 마음을 한국인들은 '정(情)'이라고 표현한다.[33] 정(情)은 어떤 대상과 직접 및 간접 접촉과 공통의 경험을 통해 무의식적으로 형성된 일종의 정신적 유대감이다.

한국 사람들은 정을 기반으로 친한 집단을 형성해서 서로의 관심과 소유를 나누고, 정서적인 소통을 하려는 경향이 강하다. 인간관계를 통해 소속과 사랑의 욕구를 충족하려는 하나의 시도다. 이와 같은 배경에서 혈연, 학연, 지연 등이 만들어지는 것이다. 낮은 자존감은 소속과 사랑의 욕구를 채우는 경험, 공동체, 사람들이 곁에는 없다고 여겨질 때 만들어진다.

한(恨)은 몹시 원망스럽고 억울하거나 안타깝고 슬퍼 응어리진 마음이다.[34] 《심리학사전》에서는 한을 '개인 혹은 집단의 욕구나 의지 좌절에 따르는 삶의 파국에 대처하는 강박적인 마음의 자세와 상처로 의식적, 무의식적으로 얽힌 복합체'라고 설명한다.[35] 개인이나 집단(국가 혹은 민족)의 불행을 후회하거나 그 일이 안타까워서 억누를 수 없는 생각과 부당하다는 엇갈린 심리가 결합한 복잡한 감정 상태를 말한다.

과거부터 현재까지 개인과 집단(국가 혹은 민족)의 역사와 경험, 생활과 역경 등에서 한을 품는다. 그러나 과거 일에 지나치게 몰두해서 한을 품으면 그 어떤 것도 할 수 없었고, 앞으로도 할 수 없는 개인 혹은 집단으로 여겨져 낮은 자존감을 형성할 위험이 있다.

• 가치관의 변화

어느 국가와 민족, 세대를 막론하고 가치관의 변화가 없는 집단은 없다. 현대 한국인의 가치관도 전통사회와 비교하면 엄청난 변화를 겪었고, 앞으로는 더 많이 달라질 것이다. 유교 사상과 효로 상징되던 전통적인 가치관이 산업화 이후 급속도로 달라져 과학주의, 물질주의, 합리주의, 평등주의, 개인주의 등으로 변모했다. 농경사회에서 산업사회로, 산업사회에서 지식정보사회로 변모하면서 나타난 핵가족화, 가족 기능의 약화, 가족 구성원의 평등성 추구, 여성의 사회활동 증가 등이 가치관의 변화를 가져온 것이다.

가치관의 변화가 긍정적인 요소로 작용하기도 하지만, 세대 간 갈등을 조장하는 등 무시할 수 없는 부작용이 나타난다. 한국 사회

뿐만 아니라 전 세계에서 세대 간 갈등을 경험하는 지금의 현상이 그것을 뒷받침한다. 과거와 완전히 달라진 사회를 서로 다른 가치관을 가진 세대가 함께 살면서 갈등이 나타나는 것이다. 이 갈등의 승자는 아무도 없다. 한 세대는 달라진 세대를 원망하고, 또 다른 세대는 변하지 않는 기성세대를 탓하며 갈등하고, 결국 모두가 낮은 자존감을 형성할 수밖에 없다.

• 눈치와 체면

'눈치'와 '체면'도 한국 사람들의 독특한 특성과 문화 정서다. 눈치는 드러난 자료가 불충분함에도 그 이면에 숨어 있는 진실을 꿰뚫어 보는 독특한 재주를 일컫는다. 한국인의 대인관계에서 눈치는 매우 중요한 특성이자 고유한 형태이다. 한국 사람들이 눈치가 발달한 이유는 말을 아끼는 유교 문화의 특성 때문이다. 또 의사소통 과정에서 언어 이외의 상황과 맥락을 중시하며 눈치를 발전시킨 것으로 보인다. 더불어 공식적인 생활과 비공식적인 생활을 혼동하는 특성이 눈치를 발전시켰을 것이다.

체면이란, 다른 사람들에게 드러난 겉모습을 통해 사회적으로 인정받을 수 있는 가치를 담은 이미지를 말한다. 체면은 개인이 가지고 있는 본질과 다르게 나타날 수 있는데, 남들이 자신을 받아들여 주기를 바라고 드러내는 모습을 의미한다. 상황에 따라 자신의 참모습이나 사실과 다르게 행동하면서 자신이나 상대의 지위나

명분을 높이거나 유지하려는 현상을 말한다.

한국인들은 체면을 중시한다. 집에서 하는 말과 행동이 밖에서 말과 행동과 완전히 다른 이유도 체면을 중시하는 문화의 영향이라고 할 수 있다. 한국인들에게 체면과 눈치는 사회생활을 적절하고 건강하게 이어 가고 개인의 자존감을 유지하기 위해 필요하며, 동시에 당황스러운 상황을 피하고 서로의 마음이 상하지 않도록 말하고, 상대방에게 지나친 압력을 부담시키지 않는 기능을 한다. 따라서 체면이 깎이거나 눈치가 없어서 대인관계에서 어려움을 겪게 된다면, 당연하게도 낮은 자존감을 형성할 수밖에 없다.

개인의 환경과 학습(경험)에 대한 주관적 평가

개인의 환경과 학습(경험)에 대한 주관적 평가는 자존감 형성에 결정적인 영향을 미친다. 다만, 이 의미를 오해하지 말아야 한다. 불행하거나 불우한 환경에 놓인 사람들은 건강하지 못한 자존감과 낮은 자존감을 형성할 수밖에 없다는 의미가 전혀 아니기 때문이다. 이 개념을 명확하게 이해하려면, '자존감은 주관적인 신념'이라는 명제(命題)를 절대 잊어서는 안 된다.

한 배우가 방송에 나와 연기를 시작하게 된 계기를 고백하는 장면을 본 적이 있다. 그는 이렇게 말했다.

"저는 고아로 자랐기 때문에 누군가에게 사랑을 받은 적도, 제가 하고 싶은 일을 생각해 본 적도 없습니다. 그런데 어느 날 교회에서 연극 연습을 하면서 살아 있다는 것을 느꼈습니다. 나에게도 하고 싶은 일이 있다는 것을 비로소 알게 되었습니다."

이것이 그 배우가 자존감을 형성하게 된 배경이다. 환경의 좋고, 나쁨, 유복과 박복이 그의 자존감을 형성한 결정적 요인이 절대 아니다. 한 개인이 세상에 태어난 순간부터, 아니 태내부터 보고, 듣고, 배우고, 느끼고, 습득한 그 모든 것들에 관한 주관적 신념이 자존감을 만든다.

똑같은 환경에서 동일한 경험을 했다고 해서 그 결과가 모두에게 똑같이 나타나지 않는다. 문제가 심각한 가정에서 자랐다고 해서 모두가 그 문제를 대물림하고, 낮은 자존감을 가진 사람으로 성장하는 것은 아니다. 주관적 평가에 따라 그 사람의 생각과 행동, 신념과 가치관이 달라진다. 자존감의 모양과 수준도 완전히 달라진다.

내가 바라보는 나, 타인이 평가하는 나

내가 나를 바라보는 시선이 어떻고, 다른 사람이 나를 어떻게 바라보고 평가하느냐에 따라서도 자존감의 모양과 그 수준이 결정된다. 그 두 가지 시선에 따라 건강하고, 진취적이고, 긍정적인 자존감을 가진 사람이 있고, 이와 반대로 건강하지 않고, 수동적이고, 부정적인 자존감을 가진 사람이 있다. 내가 바라보는 나, 타인이 평가하는 내 모습이 부정적이면 정서적·정신적·심리적 문제를 호소한다. 그 이면에 낮은 자존감이 존재하기 때문이다.

사람들이 상담을 받는 가장 흔한 이유도 낮은 자존감 때문이다. 정서적·정신적·심리적 문제의 대부분이 낮은 자존감에서 기인하기 때문이다. 불안, 우울, 중독, 애정 결핍, 과잉행동, 인간관계 등에 관한 문제를 겪고 있는 수많은 사람이 낮은 자존감 때문에 진정한 기쁨을 느끼지 못하고, 삶의 모든 면에서 부정적인 영향을 받는다.

특히 자존감이 낮으면 자신감이 사라지고, 자기 모습에 만족하지 못한다. 자신에 대한 감정에도 영향을 끼칠 뿐 아니라 세상과 공감하는 능력도 망가진다. 인간관계, 일, 태도, 선택, 건강, 심지어 수명에도 부정적인 요소로 작용한다. 그런데도 아직 낮은 자존감 증세를 치료하는 약도, 공식적인 정신 건강 진단도 제대로 존재하지 않는 게 현실이다.[36]

그러나 회복의 길은 분명히 있다. 생각과 관점을 바꾸면 얼마든지 변화할 수 있다. 그 아프고 깊은 상처를 치유하고, 회복하고, 성장할 수 있다. 무엇보다 타인과 사회가 나에게 내린 평가에 연연할 필요가 없다. 내가 나를 어떻게 해석하느냐에 따라 자존감 수준, 의사소통의 패턴과 내용, 인생의 방향이 달라지기 때문이다.

배우 김혜자 씨가 어느 드라마에서 보여 준 대사가 이 주장을 뒷받침한다. 염려하지 않아도 된다. 당신은 당연히 그럴 만한 가치가 충분히 있기 때문이다.

> 내 삶은 때론 불행했고 때론 행복했습니다.
> 삶이 한낱 꿈에 불과하다지만
> 그럼에도 살아서 좋았습니다.
>
> 새벽에 쨍한 차가운 공기
> 꽃이 피기 전부는 달큼한 바람
> 해 질 무렵 우러나오는 노을의 냄새
>
> 어느 하루 눈부시지 않은 날이 없었습니다.
> 지금 삶이 힘든 당신
> 이 세상에 태어난 이상
> 당신은 이 모든 걸 매일 누릴 자격이 있습니다.
>
> 대단하지 않은 하루가 지나고,
> 또 별거 아닌 하루가 온다 해도

인생은 살 가치가 있습니다.

후회만 가득한 과거와
불안하기만 한 미래 때문에
지금을 망치지 마세요.
오늘을 살아가세요. 눈이 부시게!

당신은 그럴 자격이 있습니다.
누군가의 엄마였고,
누군가의 딸이었고,
그리고 나였을 그대들에게….

– JTBC 드라마 「눈이 부시게」 중에서

자만 혹은 절망을 부르는 타인과의 비교

다른 사람과 자신을 비교하면서 자존감을 형성했다면 더 큰 어려움을 겪는다. 물론 우월감을 느끼는 부분도 있겠지만, 부족한 면에서는 반드시 열등감을 느끼기 때문이다. 어떤 분야든 뛰어난 사람이 있기 마련이고, 내가 잘하지 못하는 분야에서는 잘난 사람들이 훨씬 많기 마련이다.

남보다 성공하고 우월해야만 높은 자존감을 형성할 수 있다고 믿는다면, 지금 당장 그 잘못된 믿음에서 벗어나야 한다. 진짜 높은 자존감은 절대로 남과 비교해서 형성되지 않는다. 내가 뛰어나거나 좋을 때도 자만하지 않고, 남보다 뛰어나지 않거나 나쁠 때도 나를 절망에 빠뜨리지 않는 힘이 바로 높은 자존감이다.[37]

자존감은 자기가 만드는 것이다. 남들이 도와주는 것도 분명 한계가 있다. 거부당하는 것을 두려워하거나 타인에게 긍정적인 평가를 얻으려고 하면 할수록 더 외롭고, 고립될 수 있다. 다른 사람과 비교하면 결국 불행하다는 느낌만 남는다.[38]

타인과 사회의 인정을 받는 것은 분명 기분 좋은 일이다. 그 순간만큼은 하늘을 나는 것처럼 행복하고, 세상을 다 가진 듯 느껴진다. 그러나 타인과 사회의 인정을 받았다고 늘 높은 자존감을 유지하는 것은 아니다. 또다시 타인과 사회의 인정을 받아야 한다는 중압감에 마음을 졸이면서 자존감이 낮아질 수 있다. '내가 그 사람에게 또 인정받을 수 있을까?', '다음번에는 거절당하면 어쩌지?'를 걱정하면서 두려움을 느낄 수도 있다. 따라서 타인과 사회로부터가 아닌 자기 자신에게 인정받아야 한다. 그것이 진짜 높은 자존감이다.

다름을 인정하지 않는 부모의 영향

부모는 자녀들의 자존감 모양과 수준에 큰 영향을 미친다. 부모들이 흔히 하는 고민 중 하나가 '왜 우리 아이는 남들과 이렇게 다를까?'이다. 왜 우리 아이는 얌전하지도 않고, 친구들과 잘 어울리지도 못하고 자기주장이 강하고 고집만 센지 모르겠다고 호소한다. 끊임없이 다른 아이들과 비교하며 고민하는 부모들이 정말 많다. 이는 부모들의 큰 착각에서 비롯된 고민이다.

아이의 성장 방향이나 속도가 교과서에 나온 정답처럼 모두 같아야 한다고 오해한 탓에, 자녀들에게 "너는 왜 그것도 못 하니?"라고 나무란다. 그런데 아이들마다 각자의 특성이 있다. 지구에 존재하는 아이들의 수만큼 제각각이다. 모두가 다른 만큼, 모두가 유일하고 특별하고 소중하다는 것을 인정하는 게 아이의 자존감을 높이는 길이다. 사람은 누구나 다른 기질을 가졌다. 그러므로 다름을 인정해야 한다. 개인의 독특성이 존재한다는 것을 인정하고, 그것을 옳고 그름의 관점에서 판단해서는 안 된다.

그런데 많은 경우 다름을 틀림으로, 독특함을 정상적인 상태와 다른 이상(異常)으로 여기고, 자신이 생각했을 때 옳다고 판단되는 행동을 자녀에게 강요한다. 그것은 부모가 생각하는 대로 생각하고, 부모가 옳다고 여기는 방식으로 행동하기를 소망하는 오만과 착각일 수 있다. 자녀의 생각, 속도, 민감도나 발화 시점은 얼마든

지 다를 수 있다. 다름을 인정하고, 인내하고, 기다려야 하는 이유
다.[39]

인지 왜곡에 따른 완벽주의 추구

완벽주의 추구도 낮은 자존감을 형성하는 대표적인 요인이다.
완벽주의는 '끊임없이 노력해야 하는 보다 완벽한 상태가 존재한
다고 믿는 신념'이다. 완벽한 성취와 역량, 사회적 가치 조건들의
완벽한 내면화를 자신에게 혹은 타인에게 강요받을 때 나타나는
인지적 신념이다.[40]

또한 완벽주의는 '나는 이래야만 한다'고 생각하는 비합리적인
사고와 깊은 관련이 있다. 다른 사람이나 사회의 평가를 지나치게
신경 쓰는 것도 완벽주의를 부추기는 요인이다. 완벽주의는 자기
자신과 타인, 사회의 평가와 판단에 근거한 지나치게 경직된 잣대
이기 때문이다. 완벽주의자들은 일정 수준의 성과를 이뤄 내지 못
하면 스스로 부적합하고 결함 있는 사람이라고 여긴다. 이 경향이
심화될수록 자기 자신을 쓸모없는 존재라고 생각하기 쉽다.

그뿐만 아니라 완벽주의는 수치심을 일으킨다. 수치심은 스스
로 부끄러움을 느끼는 마음이다. 자아와 자존심의 연장에 있는 개
념으로 수치가 되는 행동을 할 때 느낀다.[41] 사람들을 완벽주의로

몰아가는 숨은 원인 또한 수치심이다. 수치심은 낮은 자존감과 복잡하게 얽혀 있는데, 그 근본 감정이 '나는 쓸모없고', '누구도 나를 좋아하지 않는다', '나는 자격이 없는 존재'라는 느낌이다.[42]

수치심은 죄책감과 분명 다름에도 혼동하는 일이 흔하다. 죄책감은 나쁜 감정이 아니다. 남에게 해를 입히는 행동을 했을 때 후회나 죄책감을 느껴야 교훈을 얻고, 다음에는 더 나은 행동을 할 수 있기 때문이다.

이에 반해 수치심은 바람직한 감정이 아니다. 상황을 더 나쁘게 몰아가기 때문이다. '나는 쓸모 없고, 태어날 때부터 희망이 없었다.'고 끊임없이 생각하게 만든다. 행동을 고치도록 동기를 부여하지 않고, 자기 자신에 대한 사랑과 존경마저 망가뜨린다. 따라서 건강한 죄책감과 불필요한 수치심을 구분하고, 수치심에서 완전히 벗어날 필요가 있다. 그럴 때 비로소 높은 자존감을 회복할 수 있을 것이다.[43]

수치심을 느끼는 또 하나의 이유는 실패에 대한 지나친 두려움이다. 실패에 대한 지나친 두려움은 타인과 사회의 평가, 특히 중요한 인물들의 평가를 지나치게 염려해서 생긴다. 그러나 누구나 실패를 경험한다. 사회적으로 성공한 사람들 역시 무수히 많은 실패를 경험했다는 것을 모르는 사람이 없다. 그 실패들이 모여 성공의 원동력을 만들었다고 할 수도 있다. 그 누구도 시도해 보지 않고 성공할 수는 없기 때문이다.

그런데 완벽주의 경향이 짙은 사람들은 무슨 일이 있어도 실패하지 않으려고 기를 쓴다. 실패하지 않으려다 결국 실패하고, 그 실패를 기반으로 일어설 기회조차 놓치고 만다. 완벽주의를 추구하게 만드는 '인지 왜곡'을 몇 가지 소개하면 다음과 같다.

- 흑백논리: '전부 아니면 말고'라고 생각하는 이분법적 사고방식. 모든 논리를 왜곡한다.
- 낙인찍기: 편파적이고 왜곡된 프레임. 한번 형성된 부정적 평가나 편견을 지속적으로 적용하며 사실과 전혀 상관없는 꼬리표를 부여한다.
- 예언: 변화 가능성이 전혀 없다고 믿음. '나는 절대…'라며 미래를 단정 지음.
- 감정적 추론: 객관적 사실이나 증거가 아닌, 부정적인 감정을 따라 상황을 해석하려는 경향.
- 성급한 결론: 연관이 아예 없거나 거의 없는 생각이나 일을 하나로 묶음.
- 반드시 해야만 해(Must): 무슨 일이든 완벽하게 해내야 한다고 강요함.
- 과일반화: 무슨 일이든 지나치게 일반화하는 사고방식.

위와 같은 인지 왜곡이 완벽주의를 추구하는 경향을 만든다. 그렇게 만들어진 완벽주의 추구 경향이 결국 낮은 자존감을 만든다. 생각(인지)이 행동과 신념을 결정짓기 때문이다. 인지 왜곡에서 벗어나려면 '생각'과 '느낌'을 분리할 필요가 있다. 생각과 느낌을 분리하지 못하면 감정과 정서(기분)를 통제하기가 매우 어렵기 때문이다.

사람들은 대개 화가 나거나 우울하거나 불안해지면 그 원인을 외부에서 찾으려 한다. 그 문제의 원인을 내부에서 먼저 파악해야 하는데, 외부 요인부터 찾음으로써 왜곡된 생각으로 판단하고 행동한다. 생각과 느낌을 분리해야 객관적이고 이성적인 판단을 할 수 있다. 그 문제의 원인을 내가 어떻게 생각하고 느끼는지를 먼저 파악해야 과장되거나 비이성적 믿음의 핵심 요인을 찾아낼 수 있기 때문이다.

특히 자존감 수준이 낮으면 과거의 선택, 실패나 실수를 곱씹는다. 과거의 행동과 선택을 돌아보는 데 너무 많은 에너지와 시간을 쓰면 현재를 살 힘과 기회를 잃게 된다.[44]

결국, 문제는 적절하고 건강한 수준의 자존감을 형성하지 못하면서 발생한다. 자존감이 낮을수록 현실에서 도피하거나 자아가 위협받는 상황에서 자신을 보호하는 심리 의식이나 행위인 '방어 기제'를 지나치게 사용하기 때문이다. 자존감 수준이 낮을수록 문제를 있는 그대로 바라보지 못하고 비틀어 본다. 자신이 생각했을 때 끔찍하고 불편하면 무작정 피하고 사실을 부정하고, 합리화하

기도 한다. 모두 자기 마음을 다치지 않게 하려는 건강하지 못한 행동이다.[45]

> *"실수를 저지르는 자신조차 사랑하는 것이 '진정한 자존감', '진짜 높은 자존감'이다."*

이 사실을 기억해야 한다. 자존감에 관한 정의와 생각이 달라지면 성과나 성공, 다른 사람과 비교와 평가 등에 관심이 약해질 수밖에 없다. 무조건적인 자기 수용과 자기 자비에 시선이 쏠리기 때문이다. 수치심에 근거한 사고를 줄이고, 자기 수용과 자기 자비를 받아들여야 한다. 그래야 타인과 사회로부터 인정받지 못하거나, 거절당하거나, 실패해도 두려워하지 않게 된다. 궁극적으로 높은 수준의 자존감을 형성하게 된다.

우리에게 가장 중요한 일은 진짜 자존감, 높은 자존감을 얻는 방법을 습득하는 것이다. 그 방법을 습득하는 첫 단추이자 마지막 열쇠는 바로 '자신만의 자존감의 정의'를 내리는 것이다.

- 나는 흔들리고 실패해도 변하지 않는 사랑을 받는 존재
- 나는 존재만으로도 누군가에게 큰 기쁨이자 최고의 선물
- 그럼에도 나는 춤을 추듯 기쁘고, 소망이 샘솟는 특별한 존재

자존감은 남과 비교하고, 타인과 사회로부터 인정받고, 무엇인가 성취해야만 나를 사랑할 수 있다고 여기는 게 아니다. 세상에는 나보다 뛰어나고, 똑똑하고, 매력적이고, 운이 좋고, 돈이 많은 사람이 엄청 많다. 나에게는 아예 없는 자질과 역량을 지닌 사람들도 많다. 그러나 그것은 전혀 문제가 되지 않는다. 내 존재 자체가 귀하고 특별하기 때문이다. 세상 그 무엇과도 바꿀 수 없는 존재가 바로 나이다.

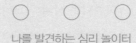

나를 발견하는 심리 놀이터

나의 자존감은
어디에서 왔을까?

　당신의 현재 자존감의 모양과 수준을 파악하고, 만약 자존감이 낮게 형성되어 있다면 그 이유를 분석해 보는 게 중요하다. 바로 그것이 낮은 자존감에서 높은 자존감으로 변화하는 첫걸음이기 때문이다. 아래 활동은 당신의 자존감이 어떻게 형성되었는지를 생각해 보는 활동이다. 스스로 솔직담백하게 작성해 보고, 그 영향이 당신의 자존감 모양과 수준에 어떠한 영향을 미쳤는지 확인해 보자.

국가와 민족, 세대에게 물려받은 특성
1.
2.
3.
개인의 환경과 학습(경험)에 대한 주관적 평가
1.
2.
3.

내가 바라보는 나, 타인이 평가하는 나
1.
2.
3.

타인과의 비교
1.
2.
3.

부모의 양육 태도와 방식
1.
2.
3.

완벽주의 추구 경향
1.
2.
3.

마음에 드는 내 모습	마음에 들지 않는 내 모습	변하기를 바라는 내 모습
1.	1.	1.
2.	2.	2.
3.	3.	3.

메이저리거의 꿈,
우간다 청년 카숨바 데니스

여기, 메이저리거를 꿈꾸는 19살 청년이 있다. 아프리카 우간다에 사는 그 청년에게는 변변한 야구 장비가 없다. 그래서 헝겊으로 기운 글러브로 공을 잡고, 막대기로 스윙을 연습한다. 야구에 관한 체계적인 훈련을 받은 적도 없다. 그래도 만족했다. 그만큼 야구를 사랑하고, 메이저리거가 되겠다는 확고한 비전과 꿈을 품고 있기 때문이다.

메이저리거가 될 수만 있다면, 비만 오면 진흙탕으로 변하고 실밥이 터진 야구공으로 훈련해도 개의치 않았다. 메이저리거의 꿈을 포기하지 않고 인터넷과 야구 중계 영상을 보면서 스스로 훈련했다. 그렇게 성장한 그의 야구 실력은 꽤 수준급이었다. 힘겹지만 즐겁고 행복하게 야구 연습하는 모습을 영상에 담아 자신의 SNS에 게시했다. 그 덕에 조금씩 유명해졌다. 그 영상을 본 사람들이 그의 꿈을 마음껏 응원했다.

그리고 2023년 6월, 기적 같은 일이 벌어졌다. 미국 MLB 드래프트 리그에서 뛰는 행운을 얻었기 때문이다. MLB 사무국에서는

2021년부터 MLB 드래프트 리그를 개최한다. 총 6개 팀이 6월 초부터 7월 초까지 30경기를 치르고, 신인 드래프트 이후 50경기를 치른다. 6~7월 치르는 30경기는 MLB 신인 드래프트에 참여하고 싶은 선수들이 자신을 홍보하는 장(場)이다. 카슘바 데니스는 '프레드릭 키스' 소속으로 30경기를 뛰며 메이저리거가 되겠다는 꿈에 한 걸음 다가갔다.

힘들지만 포기하지 않는다면, 끝까지 그리고 묵묵히 자신의 자리에서 최선을 다한다면, 카슘바 데니스처럼 기적같이 꿈에 다가설 수 있다.

3장

자존감
사다리

자존감 높이는 방법도 '우공이산'이다. 우직하게 한 우물을 파는 사람이 큰 성과를 거두듯이 자존감을 높이는 일도 포기하지 않으면 얼마든지 가능하다. 끝까지 '나는 사랑받을 가치가 있고, 유능한 사람이다.'라고 믿어 주기만 하면 된다. 자존감이 낮아질 때마다 쉬지 않고 자신의 존재 가치와 유능감을 떠올리는 그 작은 시도가 얼마나 큰 결과를 가져오는지 알아야 한다.

미국의 심리학자 버지니아 사티어는 자존감에 대해 다음과 같이 말했다.

"자존감은 성실, 정직, 책임감, 정열, 사랑, 능력에서 나온다."[46]

자존감이 개인이 살아가는 에너지의 근원이 된다는 뜻이기도 하다. 그래서 자존감이 높은 사람은 자신에 대한 인식이 분명하고 스스로 긍정적으로 평가하며 외부 환경과 평가에 크게 흔들리지 않는다. 또 자존감이 높으면 성격이 원만하고, 스스로 결정할 수 있고, 타인의 가치를 인정하고 존중한다. 자신과 타인을 신뢰하고, 긍정적이고, 희망적이며 매사에 감사할 줄 안다.

반면 자존감이 낮은 사람은 스스로 긍정적으로 평가하지 못하고 늘 불안하다. 끝없이 타인을 의식한다는 특징도 있다. 일상에서 자주 외로움과 소외감을 느끼고 고립감을 경험하는 일도 잦다. 그래서 자존감이 낮은 사람들은 자신의 약점을 감추기 위해 허풍과 과장으로 타인과 사회로부터 능력과 가치를 인정받으려 한다.[47] 그 과정에서 형성된 낮은 자존감이 그 사람의 대인관계와 일 등 삶의 영역에서 부정적인 영향을 미친다.

따라서 낮은 자존감을 높은 자존감으로 변화시키는 게 문제 해결의 열쇠다. 자존감을 떨어뜨리는 요인과 자존감을 키우는 요인을 살펴보며, 높은 자존감을 형성하고 유지하는 방법을 찾아보자.

자존감을 떨어뜨리는 내부적 요인

자존감을 떨어뜨리는 요인은 그 수를 헤아릴 수 없을 만큼 많다. 개인의 기질과 경험, 신념과 가치관, 이해와 해석의 차이, 사건과 뜻하지 않은 상황 등에 따라 자존감이 올라가기도 하고, 떨어지기도 한다. 그래서 자존감을 떨어뜨리는 요인이 이것이라고 콕 집어서 말할 수는 없다. 그러나 자존감을 떨어뜨리는 '내부적 요인'과 '외부적 요인'으로 구분해서 설명할 수 있다. 내부적이든 외부적이든 반드시 자존감을 떨어뜨리는 공통적인 요인이 있는데, 그것은 '상처'이다.

상처는 몸이나 마음을 다친 자리, 또는 그 흔적을 뜻한다. 우리가 일상에서 흔히 사용하는 "상처 받았다"는 말은 감정의 상처를 말하는데, 그 범위가 포괄적이고 개인차가 크다. 상처는 자존감을 떨어뜨리는 내부적 요인이기 때문이다. 상처가 있다고 해서 누구나 그렇게 생각하거나 행동하지는 않는다. 개인의 해석과 이해, 가치관과 세계관에 따라 누군가에게는 상처가 되고, 또 다른 누군가에게는 성장의 원동력이 된다.

상처는 그 종류도 다양하다. 몸의 상처와 마음의 상처가 있고, 어렸을 때 생긴 상처가 있고, 최근에 생긴 상처가 있다. 중요한 타인에게 받은 상처가 있고, 스스로 만든 상처도 있다.[48] 자존감을 떨어뜨리는 내부적 요인으로 작용하는 상처에는 ▶과거의 상처 ▶열등감 ▶분노 ▶불안 ▶자기 비하 등이 있다. 지금부터 상처가 낮은 자존감으로 번지게 만드는 요인과 그 원인, 그리고 그것을 딛고 일어서는 방법을 알아보자.

• 과거의 상처

과거의 상처는 '다시 생각하고 싶지 않은 과거의 모든 일'을 총
칭한다. 지난 일이 지금의 나와 미래의 나에게 부정적인 영향을 미
치는 것이다. 과거의 불쾌하고 부정적인 기억과 경험, 감정과 생
각이 인생의 걸림돌로 남아 시시때때로 나를 괴롭히는 것이다. 과
거의 상처가 고약한 이유는 자존감을 바닥내고, 앞으로 한 걸음도
나가지 못하게 만들기 때문이다.

과거의 상처에서 적절하고 건강하게 벗어나지 못하면 자존감이
하락할 수밖에 없다. 그래서 과거의 상처, 그 쓴 뿌리를 반드시 뽑
아내야 한다. 과거의 상처에서 벗어나는 방법은 크게 세 가지 과정
을 거친다.

- 충분히 슬퍼하기
- 상처 준 사람 용서하기
- 과거 재해석하기

이 과정이 결코 쉽지 않다. 그러나 아무리 아프고 힘들어도 과
거의 상처에서 벗어나야만 한다. 나아가 과거의 상처를 치유하고,
그 경험을 원동력 삼아야 한다. 이 원동력은 과거의 상처를 수용하
고, 재해석하는 과정에서 얻을 수 있다.[49]

• 열등감

열등감은 자기를 남보다 못하거나 무가치한 인간으로 낮춰서 평가하는 부정적인 감정이다.[50] 세상에 열등감 없는 사람은 아무도 없다. 잘난 사람도, 많이 배운 사람도, 많이 가진 사람도 저마다 열등감이 있다.[51] 그것이 겉으로 드러나는가 감추어져 있는가, 부정적으로 작용하는가 긍정적으로 작용하는가의 차이일 뿐이다.

사람들이 열등감을 느끼는 이유에는 여러 가지가 있는데, 가장 큰 원인은 '잘못된 비교 의식'이다. 타인과 자신을 비교하는 것은 인간이 가진 일종의 본능이다. 그러나 비교 의식이 지나치면 필연적으로 열등감을 낳는다.

사람은 저마다 다르고 한 사람도 빠짐없이 모두 소중한 존재다. 따라서 서로가 서로에게 절대적 비교 대상이 될 수 없다. 비교 대상이 되어서도 안 된다. 인간이 창조된 그 순간부터 그 존재 자체만으로도 이 세상에 단 하나뿐인 걸작이다. 고귀한 인간을 서로 비교해서 우월감과 열등감을 느끼는 것 자체가 크게 잘못됐다.

열등감을 만드는 또 다른 요인은 '애정 결핍'이다. 사랑받아야 살 수 있고, 사랑받지 못하면 주눅 드는 게 인간의 심리인데, 사랑받아야 할 대상에게, 또 그 시기에 사랑받지 못하면 애정 결핍이 발생한다. 바로 이 애정 결핍이 열등감을 만든다. 성장하고, 성숙하는 시기를 놓쳐도 열등감이 생긴다. 특히 어린 시절 스스로 무언가를 해냈고, 또 그럴 수 있다고 믿는 경험이 없으면 스스로 무능

한 존재로 여기고 열등감을 느낀다.[52]

우리는 자존감을 기어이 낮추는 열등감을 극복해야 한다. 열등감에서 벗어나기 위한 세 가지 방법을 제시한다.

- 열등감을 인정하고 드러내기
- 자기 자신을 '참 괜찮은 사람'이라고 여기며 하루 세 번 자신에게 칭찬과 격려 보내기
- 타인과 자신을 의도적으로 비교하지 않기

잘못된 비교는 불필요한 열등감을 만들고, 상대방에 대한 증오를 낳으며, 자신을 비참하게 만들 뿐이다.[53]

• 분노

분노의 사전적 정의는 분개해서 몹시 성을 냄, 또는 그렇게 내는 성을 뜻한다.[54] 분노는 불합리한 상황을 만났을 때 일어나는 원초적인 감정이기도 하다.[55] 분노 그 자체는 인간에게 꼭 필요한 감정이기에 무조건 나쁘다고 평가할 수 없다. 분노를 잘 표현하면 자신을 방어할 수도 있기 때문이다. 문제는 분노를 다루는 방식이다.

분노를 적절하게 다루지 못해서 과도하게 표출하면 그 순간 속은 시원할지 몰라도 대인관계에 심각한 문제를 가져올 수 있다. 한 순간 감정을 통제하지 못하거나 건강하고 적절한 방법으로 분노

를 표현하지 못하면 필연적으로 대인관계에 문제가 생기고, 그로 인한 갈등과 다툼의 영향으로 결국에는 자존감이 낮아질 수밖에 없다.

따라서 분노를 적절하고 건강하게 통제하는 방법을 알아야 한다. 그렇다면 어떻게 해야 분노를 통제하여 건강하게 표출할 수 있을까? 첫째, 상대방 이야기를 잘 듣고 화는 천천히 내야 한다. 상대방의 이야기를 잘 들으면 상대방을 이해할 수 있고, 분노가 폭발하는 것을 어느 정도 예방할 수 있다.

둘째, 인내가 약이다. 우종민 교수가 주장한 '15의 법칙'[56]에 따르면, 분노 호르몬은 15초면 정점을 찍고 체내에서 서서히 분해되기 시작해 15분이 지나면 몸속에서 완전히 사라진다. 분노를 건강하게 통제하는 방법이 곧 평정심을 유지하는 것이고 그 평정심이 높은 자존감을 유지하도록 해 준다.

• 불안

불안은 마음이 편하지 않고, 조마조마한 감정 상태를 말한다. 특정한 이유 없이 막연하게 나타나는 불쾌한 정서적 상태, 안도감이나 확신이 상실된 심리 상태를 일컫는다. 신체적 · 정신적으로 분명한 위협을 느낄 때 나타나는 공포와는 다른 감정이다. 불안은 막연하 초점 없는 불편감과 걱정이며, 상황을 과잉 해석해서 나타나는 반응이기도 하다.[57]

불안은 불완전한 인간이 삶의 중심에 서 있으면서 느끼는 자연스러운 감정이다. 이와 반대되는 개념은 평안이다. 사람들이 원하는 것을 나열해 보면, 그 모든 요소가 향하는 곳은 결국 평안이다. 열심히 일하는 것도, 명예와 사회적 지위를 좇는 것도 모두 평안한 삶을 위해서다. 높은 자존감을 늘 갈망하는 것도 결국은 마음의 평안을 원하기 때문이다.[58]

불안이 높으면 자존감이 요동칠 수밖에 없다. 불안한 상태에서는 높은 자존감을 유지할 수 없기 때문이다. 따라서 불안 속에서도 평안을 얻는 방법을 알아야 한다. 그 방법은 다음과 같다.

첫째, 이분법적 사고에서 벗어나야 한다. 이분법적 사고는 모든 것을 둘로 나눈다. 맞거나 틀리거나, 좋거나 싫거나, 검은색이거나 흰색이어야 한다. 이분법적 사고는 너무 많은 오류를 가져온다. '이것 아니면 저것'이라는 사고방식으로는 해석되지 않는 삶의 요소들이 가득하기 때문이다. 이분법적 사고는 타인뿐만 아니라 자기 자신을 평가할 때도 작용한다. 당연하게도 그 결과는 유쾌할 수 없다. 따라서 이분법적 사고 대신 유연한 사고, 긍정적인 사고, 포용이 존재하는 사고를 할 필요가 있다. 그러면 자존감이 요동칠 일이 없다.

둘째, '그래도 괜찮다'고 생각해야 한다. 살다 보면 정말 원하지 않았던 일이 벌어지기도 하고, 뜻밖의 행운이 찾아오기도 한다. 우리 인생에서는 모두 나쁜 일만 생기거나 좋은 일만 일어나지 않는다. 바로 그 불확실함이 불안을 가져오는데, 그때마다 '그래도 괜찮다'고 생각하면 위로가 된다. 어려운 상황에 놓인 사람에게 "그래도 괜찮다."고 말해 준다면 그만한 위로도 없다.

'사람은 생각하는 대로 말하고, 말하는 대로 행동하고, 행동하는 대로 습관이 생기고, 그 습관이 인생이 된다.'는 말이 있다. 불안이 엄습해도 '그래도 괜찮아'라고 나와 타인에게 속삭여 주면 좋겠다. 그 따뜻한 말 한마디가 우리의 자존감을 지켜 줄 것이다.

• 자기 비하

다른 사람들과의 비교가 중요한 타인에 의해 행해지는 슬픔이자 폭력이라면, 자기 비하는 스스로에게 행하는 슬픔이자 폭력이다. 자신에 대한 부정적인 생각이나 말을 자주 하게 만들고, 그 행위가 습관이 돼서 결국 자존감을 바닥으로 떨어뜨리기 때문이다. 따라서 자기 비하에서 탈출해야 하는데, 어떠한 방법이 있을까?

● 자기 자신을 있는 그대로 사랑하고 이해하기

이 마음가짐 하나면 충분하다. 내가 나를 사랑하지 않으면, 내가 나를 이해하고 인정하지 않으면, 그 누구에게도 사랑을 받고, 이해받고, 인정받기 어렵다.

자존감을 떨어뜨리는 외부적 요인

자존감을 떨어뜨리는 외부적 요인과 그 원인, 그리고 그것을 딛고 일어서는 방법을 알아보자. 낮은 자존감을 호소하는 사람 대부분 부모의 거칠고 폭력적인 양육 방법과 태도 혹은 과다한 보호와 지나친 관심 등을 경험했다. 타인과 비교당하는 끔찍한 경험도 많다. 그래서 다른 사람에게 인정받지 못하면 자기 자신은 쓸모없는 존재로 여기며 자기 자신을 비하하는 경향이 있다.

이는 타인과 사회의 인정이 곧 자기 자신의 존재 이유라고 여기는 매우 위험한 가치관을 형성하게 하고, 결국 자존감을 떨어뜨린다. 자존감을 떨어뜨리는 외부적 요인에는 ▶중독 ▶위기와 한계 ▶부모의 건강하지 못한 양육 태도와 방식 ▶타인과의 비교 ▶외적인 성공만 추구 등이 있다.[59]

• 중독

중독은 '어떤 사상이나 사물에 젖어 그것 없이는 견디지 못하는 병적 상태'를 말한다. 약물, 도박, 인터넷, 쇼핑, 스마트폰 등을 지나치게 많이 하면 해로운 결과에 이르는데도, 조절하지 못하고 강박적으로 사용하는 현상이 바로 중독이다.

중단하고 싶고, 해로운 것도 알지만 하고 싶은 욕구가 너무 강해서 도저히 통제와 중단이 불가능한 상황을 일컫는다.[60] 사람은 무엇인가에 중독되는 존재다. 무언가에 기대지 않고는 살아가기 어려워서, 마음의 공허함을 채우고자, 우울하고 불안해서 견디기 힘든 나머지 중독의 늪에 빠지고 만다.[61]

중독은 해결되지 않은 욕구와 사회적 좌절감을 특정 대상이나 행위에 대한 집착으로 해결하려는 현상이다. 자존감이 낮은 사람일수록 중독에 더 쉽게, 더 깊이 빠져든다. 따라서 '나는 소중한 존재이고, 더는 내 삶을 무언가에 저당 잡히지 않겠다.'는 결단이 설 때 비로소 중독에서 벗어날 수 있다.[62]

중독과 자존감은 연결되어 있다. 따라서 중독에서 벗어나는 방법을 알고, 실천해야 자존감 수준을 지킬 수 있다.

중독에서 벗어나기 위해서는 첫째, 삶을 점검해야 한다. 중독으로부터 자기 자신을 보호하는 게 최우선이다. 생활 습관, 위험 요인 등을 살피면서 유혹에 넘어가지 않아야 한다.

둘째, 중독을 다른 것으로 대체해야 한다. 이미 무언가에 중독됐다면 반드시 대체제가 있어야 벗어날 수 있다. 중독을 가져온 행위나 물질, 관계를 멈추면 그 자리에 빈 공간이 생기는데, 그것을 대체할 무언가가 필요하다.

셋째, 돕는 사람이 필요하다. 중독에서 스스로 벗어나는 것은 보통 어려운 일이 아니다. 마음만 먹어서 쉽게 벗어난다면 그것은 중독이 아닐지도 모른다. 혼자만의 의지로 중독을 이겨 내기 어렵다. 따라서 나를 도와주고, 응원해 줄 누군가가 필요하다.[63] 자기 자신을 사랑하고, 누군가와 함께 중독의 늪에서 벗어나고자 한다면 이겨 낼 수 있다. 낮은 자존감이 높은 자존감으로 변화되는 것은 보너스다.

• 위기와 한계

삶에서 위기가 아니었던 순간은 별로 없었던 것 같다. 가정, 회사, 친구, 결혼, 연애, 공부 등 살면서 경험하는 모든 순간에 위기 그리고 한계가 늘 함께했다. 어쩌면 그것이 인간의 필연인지도 모르겠다.

그런데 위기와 한계가 여느 때보다 훨씬 힘들고, 고통스러울 때가 있다. 갑자기 예상하지 못한 순간에 나타날 때 그렇다. 정말 어찌할 바를 알지 못해서 털썩 주저앉아 울거나 도망친 적도 있을 것이다. 갑작스럽고, 당황스럽고, 해결이 불가능하다는 생각이 든다. '위기는 기회'라고들 하지만, 위기를 잘못 넘기면 더 큰 위험이 생길 것만 같다. 그때마다 우리는 위기와 한계의 엄청난 영향력을 절감한다. 자존감이 속절없이 무너지는 순간이기도 하다.

그래도 위기와 한계를 극복하는 방법이 있다. 하늘이 무너져도 솟아날 구멍이 있기 때문이다. 세 가지 선택지가 있다. 놔버리거나, 방치하거나, 돌파하거나.

놔버리는 것은 곧 도망가는 것이다. 병법서에도 '삼십육계 줄행랑'이 나온다. 희미하지만 가장 적절한 선택일 가능성도 있다. 그러나 높은 자존감 형성 측면에서 보면, 문제에서 도망치는 것은 좋은 선택지가 아니다.

상황을 방치하는 선택지도 있다. '어떻게든 되겠지'라고 생각하는 것인데, 권하고 싶은 선택지는 아니다. 상황이 전혀 달라지지 않거나 오히려 더 나빠질 가능성이 훨씬 크기 때문이다.

위기와 한계에서 벗어나는 가장 건강하고 적절한 선택지는 정면 돌파하는 것이다. 하나의 길이 막혔을 때 또 다른 길이 열린다는 긍정적인 사고에 기반한 선택이다. 혼자서 위기와 한계에서 벗어나는 일은 매우 어렵다. 도움을 요청할 사람이 있고, 적극적으로 문제 해결을 도와줄 사람들과 함께한다면 위기와 한계를 넉넉히 이겨 낼 수 있다. 그 과정에서 위기와 한계로 인해 낮아진 자존감이 멋진 모습을 회복할 것이다.[64]

• 부모의 건강하지 못한 양육 태도와 방식

아빠와 자녀의 관계를 조명하고, 함께 나쁜 관계를 치유하고 회복하는 어느 종편 프로그램이 인기다. 그 방송에는 두 아버지가 나온다. 한 아버지는 가난하고 힘든 일을 하면서 자녀를 키웠다. 아이의 꿈은 가수였는데, 그 꿈을 이루기까지 오랜 시간이 걸렸다. 그가 오랜 무명 시절을 견딜 수 있었던 힘은 아버지의 말 한마디였다.

"아빠는 네가 하고 싶은 일을 했으면 좋겠어!
너를 끝까지 응원할 거야!"

그리고 또 다른 아버지가 있다. 그 아버지도 자녀를 몹시 사랑하고, 위하는 마음이 대단하다. 그런데 표현 방식에서 어려움을 겪고 있었다. 그 아버지와 자녀는 늘 살얼음판을 걸었다. 대화도, 눈 맞춤도, 함께 식사하는 것마저도 어색하고 불편했다.

어느 날, 아버지가 용기 내 자녀와 대화를 시도했다. 그리고 자녀에게서 들은 "나는 아버지께 단 한 번이라도 인정받는 게 소원입니다!"라는 그 말 한마디에 무너졌다. "너무 미안하다."며 눈물을 쏟아 내고 말았다. "그때 아버지가 저를 처음 칭찬해 주셨는데 너무 좋아서 울었어요!"라는 자녀의 말을 들은 아버지가 "이제는 달라지겠다."고 약속했다.

거듭 강조하지만, 부모의 양육 태도와 방식이 자녀의 자존감을 만든다. 이 명제를 부정할 방법은 없다. 부모는 자녀에게 곧 '신'이기 때문이다. 문제는 부모가 건강하지 못한 양육 태도와 방식으로 자녀를 대할 때 생긴다. 물론, 부모들도 할 말이 있다. 그 시대에는 건강한 자녀 양육 방법을 알려 주는 곳도 없었고, 보고 자란 것도 없었다. 아버지가 어린 자녀를 안고 밖에 나가는 것도 흉인 시절이었다. 자녀에게 건네는 따뜻한 말 한마디를 낯부끄럽게 여기는 문화도 분명히 있었다. 그럼에도 부모의 양육 태도와 방식이 자녀의 자존감을 형성하는 데 미치는 영향을 거스를 수는 없다.

지금도 늦지 않았다. 지나가 버린 과거를 어떻게 하냐고 후회만 해서는 안 된다. 지금, 여기에서 달라지면 된다. 자녀를 있는 그대로 사랑하고, 존재 자체가 귀하다고 여기는 숨겨진 그 마음을 지금 바로 표현하면 된다. 그 순간 자녀의 자존감 수준이 높아질 것이다.

• 타인과의 비교

살면서 겪을 수 있는 가장 기분 나쁜 일 중 하나는 아마 다른 사람과 비교당하는 일일 것이다. 자신의 가치를 낮게 느끼게 하고, 자존감을 완전히 떨어뜨리기 때문이다. 누구나 자신의 고유한 가치와 장점을 인정받고, 자신만의 성공 기준을 가지고 있는데 그것이 무시당하는 느낌이 들기 때문이다.

특히 중요한 타인(주로 부모)이 자신을 있는 그대로 인정하지 않고, 그가 생각하는 더 나은 사람, 더 훌륭한 사람이 되었으면 좋겠다는 목적으로 행하는 비교는 폭력이다. 있는 그대로 인정하고, 누구나 존재 자체만으로도 보석이라는 인식을 기억한다면 다른 사람들과 비교하는 행동을 하지 않을 수 있다. 그렇게만 한다면 그 사람의 자존감이 떨어지는 일도 없다.

• 외적인 성공만 추구

성공은 좋은 일이다. 누구나 소망하는 일이기도 하다. 자기가 좋아하고, 잘하는 일을 멋지게 완수해 내는 것은 큰 행복과 만족감, 성취감을 불러온다. 그런데 자기 자신을 잃어버린 채 타인과 사회의 인정을 얻기 위해 외적인 성공만을 추구하는 것은 이야기가 다르다. 성공의 동기와 과정이 건강하지 않을 가능성이 높고, 외적인 성공만 좇다가 타인과 사회의 인정을 상실하면 그 자체로 자존감이 흔들리기 때문이다.

따라서 바른 성공, 건강하고 적절한 동기와 과정이 담보되는 게 중요하다. 그때 내적인 안정과 평화를 유지할 수 있고, 높은 자존감을 지킬 수 있다. 성공해야만 타인과 사회 그리고 자기 자신에게 인정받는 게 결코 아님을 잊어서는 안 된다. 바로 그것이 높은 자존감을 유지하는 중요한 열쇠다. 늘 성장하고, 성숙하겠다는 자세로 자신을 소중히 여기는 것이 자존감을 높이는 방법이다.[65]

실생활에서 자존감을 높이는 방법

자존감을 형성하고 그 수준을 높이는 다양한 요인이 있다. 우리의 자존감을 높이는 요인으로는 ▶욕구 충족 ▶성취감 ▶긍정적 반응 ▶있는 그대로 인정하는 자세와 태도 ▶마음챙김 ▶자기 돌봄과 수용 등을 꼽을 수 있다. 이 요인들이 공통으로 가진 메시지가 있다. '나라는 존재 그 자체' 그리고 '나의 행동과 의사소통 등에 대한 긍정적 해석과 이해' 등이 있어야 비로소 자존감을 높일 수 있다는 점이다. 지금부터는 자존감을 높이는 요인과 그 이유, 그리고 실제 생활에서 자존감을 높이는 방법을 알아보자.

• 욕구 충족

욕구 충족은 자신의 소망과 바람이 채워진 정도를 의미한다. 욕구 충족의 정도에 따라 개인의 자존감 수준과 모양이 달라진다.

예를 들어 아이가 울면 부모가 다가와 다독이고, 배가 고프다고 울면 젖을 주고, 잠이 온다고 하면 편안한 상태로 재워 주는 등의 행동은 소망과 바람이 즉각적으로 채워지는 것이다. 아이의 소망과 바람을 부모가 적절하게 채워 주면, 그 순간 아이는 자신이 세상을 변화시켰다고 생각하고 느낀다. 또 자기가 아주 중요한 그 무언가를 해냈다고 느낀다. 그 과정에서 자존감이 형성되고, 키워진다.

그런데 아이의 바람과 소망은 있는데, 부모의 즉각적인 반응이나 욕구 충족이 없으면 그 아이는 세상에 대한 신뢰감을 잃는다. 한발 더 나아가 자기 자신을 가치 없는 존재라고 느낄 수도 있다. 따라서 자존감을 키워 주기 위해서는 소망과 바람을 적절하고 건강하게 충족시켜 줄 필요가 있다.[66]

• 성취감

성취감 경험이 얼마나 중요한지 모른다. 자신을 해석하고 이해하는 척도가 될 수 있기 때문이다. 성취감은 목적한 바를 이루었다는 느낌을 뜻한다. 자신의 능력으로 목표나 도전을 이뤄 냈을 때 느끼는 '만족감'과 '자부심'이 바로 성취감이다. 성취감은 외부적인 성공에서만 느끼는 게 아니다. 자신의 노력과 땀을 통해 이룬 결과에서 얻는 내적 만족감이 더 클 수도 있다. 큰 성취가 아니어도 충분하다. 일상에서의 작은 성공도 성취감을 느끼게 한다. 오히려 작은 성공 경험이 많을수록 좋다.

인간은 누구나 성취감을 경험하면 심리적 안정을 느끼고, 자신감과 자존감이 높아진다. 성취감은 삶의 질을 향상시킬 뿐만 아니라 우리에게 동기를 부여하고 삶에 대한 열정을 높이며 새로운 도전과 목표를 설정하는 데도 긍정적인 영향을 준다.

앞서 언급했듯, 대단히 큰일을 해냈거나 엄청난 성과를 냈을 때만 성취감을 느끼는 게 결코 아니다. 일상에서 경험하는 작은 성공의 경험들이 쌓일 때 그 진가를 발휘한다. 작은 성공과 큰 성공을 바탕으로 성취를 경험할수록 나도 잘할 수 있고, '무언가 더 하고 싶다는 마음'이 생기기 때문이다.

만약 인생에서 무언가를 성취해 본 경험이 별로 없다면 위기가 찾아온다. 성취 경험에 있어 좌절이 거듭되면 무엇인가 해 보고 싶은 의지마저 사라진다. 서투르더라도 직접 해 보고, 안 되면 또 해 보며 성공하는 경험을 반드시 거쳐야 한다. 그 과정에서 유능감을 느끼고, 그 경험이 곧 높은 자존감을 선물한다.[67]

• 긍정적 반응

자기 자신은 물론이고 누군가의 긍정적인 반응이 자존감 형성에 미치는 영향도 적지 않다. 자기 자신과 타인, 사회의 부정적인 평가는 낮은 자존감을 형성할 수밖에 없기 때문이다. 따라서 부정적인 평가를 적극적으로 지양하고, 긍정적 평가와 긍정적 반응을 의도적으로 보일 필요가 있다. 예를 들어 아이를 양육하는 부모들이 무심결에 부정적 반응과 평가를 하는 경우가 있다.

"내가 그럴 줄 알았어!"
"네가 하는 일이 그렇지!"
"그래서 하지 말랬지? 내가 뭐랬니?"

절대 금물이다. 아이가 해내지 못할 수도 있고, 실수하는 것은 당연한 일이기 때문이다. 그런데 부모가 아이를 수용하거나 포용하지 않고, 부정적인 반응과 평가를 해 버리면 그 아이는 '나는 할 줄 아는 것이 없다.'고 여기면서 자신감을 잃는다. 결국, '나는 쓸모 없는 존재구나.'라고 생각하며 자기 가치를 폄하하기도 한다. 낮은 자존감이 형성될 수밖에 없다.

아이가 실수하고 잘못하면 일단 아이의 마음을 읽어 주고, 잘한 것은 칭찬하고, 잘못되거나 실수한 것을 바로잡아 주면 그만이다. 그 일을 다시 시도해 보도록 격려하고 응원해 주면 된다.[68] 무엇보다 긍정적인 태도와 반응, 긍정적인 표정과 목소리를 보이는 게 중요하다. 그렇게만 한다면 아이의 자존감이 높아질 것이다.

• 있는 그대로 인정하는 자세와 태도

사람들은 대부분 외향적이고, 진취적이며, 자기주도적인 성격을 갖고자 한다. 아이를 그렇게 키우는 게 부모의 소망이기도 하다. 그렇다면 성격이 내향적이고, 속도가 느리고, 순응하는 성격은 나쁜 걸까? 좋지 않은 성격이라고 말할 수 있을까? 그렇지 않다. 그 성격의 장점과 유익을 몰라서 하는 소리다.

내향적이고, 속도가 느리고, 순응하는 성격은 한마디로 '사려 깊은 성격'이다. 실수가 적고, 신중하고, 내면이 탄탄하다는 장점이 있다. 감정을 쉽게 드러내지 않으면서 변화와 성장을 거듭하는 성숙함도 가졌다. 충동적이지 않고, 가볍지 않으면서, 무게감이 있다. 자기감정을 잘 다스리고, 쉽게 휘둘리지 않는 우직함도 있다. 이 좋은 성격을 나쁘다고 말하거나 좋지 않다고 평가할 수 없다.[69]

누구에게나 장점이 있고, 존재 자체만으로도 귀하다. 그래서 그 누구라도 있는 그대로 인정해 줘야 한다. 사람은 누구나 있는 그대로 수용받고, 존중하고, 이해받을 때 자존감이 높아진다.

• 마음챙김(mindfulness)

마음챙김은 명상의 한 방법으로 소개된 용어다. '매 순간의 알아차림'을 의미하기도 하고, '현재에 집중하고, 판단하지 않으며, 주위를 받아들이는 것'이라 정의하기도 한다. 현재에 집중하면 과거에 매이지 않고, 미래를 걱정하지 않아도 된다는 개념이다. 마음챙김 훈련에서는 다른 곳으로 시선을 돌리지 않고 생각과 느낌에서 나를 분리하도록 독려한다. 그러면 생각과 느낌에 일일이 반응하지 않게 되고, 그로 인해 마음을 다치지 않기 때문이다.

최근 상담 이론과 치료 방법으로 마음챙김이 큰 관심을 받고 있다. 자기 자신을 세상과 격리하지 않고 지금의 세상과 자신을 인식하도록 도와주는 기법이다. 편견 없이 자신을 인식하는 연습이라고 설명할 수도 있다. 마음챙김은 자신의 삶을 제대로 인식하도록 돕고, 현재 중심으로 살게 한다. 이를 통해 스트레스를 다스리고, 정신과 마음, 신체 건강을 개선하며, 부정적인 생각을 달래고, 자기애와 자존감을 강화할 수 있다. 마음챙김의 치료적 요인은 다음과 같다.[70]

- 함부로 판단하지 않기
- 바꿀 수 없는 일 그대로 받아들이기
- 마음으로 인지, 관찰하고, 공평 · 객관적으로 바라보기
- 자신의 가치를 평가하고 비판하는 대신 있는 그대로 받아들이기

- 현재에 집중하며 과다한 반추와 우려 없애기
- 보고, 느끼고, 맛보고, 듣고, 냄새 맡는 것에 집중하기
- 어떤 일을 판단하는 대신 받아들이고, 감사하기
- 새로운 관점에서 세상 바라보기
- 편견과 고정관념 버리고 유연하게 사고하기

위와 같은 마음챙김의 요소들을 활용하면 자존감을 높이는 데도 매우 유익하다. 자신을 있는 그대로 바라보고, 타인과 사회로부터의 평가에서 자유로울 수 있으며, 과거와 미래의 영향에서도 벗어날 수 있기 때문이다. 무엇보다 나와 타인을 판단하지 않고, 있는 그대로 수용하며, 삶을 감사하는 태도로 영위할 수 있게 된다.

• 자기 돌봄과 수용

누구에게나 마음의 상처와 약점, 연약함이 있다. 인간은 유한하고 제한적인 존재이기 때문이다. 더불어 누구나 인생을 살면서 꼭 피하고 싶지만 필연적으로 고통스러운 경험을 하게 된다. 감당할 수 없는 슬픔과 역경, 실패와 좌절, 상실과 불운 등이 그것이다.

그 위기의 순간, 자기 자신을 돌보거나 위로하지 못하면 심리적·정서적 문제가 발생하기 쉽다. 자기에게든, 타인에게든 그 아프고 쓰디쓴 상처와 고통, 연약함을 위로받고, 격려받고, 공감과 응원을 받아야 한다. 그렇지 못하면 지나친 자책과 죄책감, 비참

함 등이 만든 왜곡된 인지(비합리적 신념 등)가 형성되기도 한다.[71] 그 순간 자존감이 바닥을 친다.

자기 돌봄(self-care)은 자신의 안녕을 보장하고, 신체적·심리적·정서적 건강을 증진하며, 문제가 발생했을 때 적극적으로 관리하는 행동을 확립하는 과정이다. 자기 돌봄의 유익은 질병 예방, 정신 건강 개선, 향상된 삶의 질을 모두 포함한다.

심리학자 타라 브랙[72]은 자기 돌봄에 대해 "나는 누구이고, 어떤 가치를 가지고 살고 있는지에 대한 질문에 답을 찾아 주는 과정"이라고 정의했다. 그러면서 지금 당장 실천할 과제 두 가지를 제시했다.

- 지금, 이 순간 나부터 사랑하라!
- 스스로 자신을 돌보는 것이야말로 불안과 불확실로 가득한 세상을 살아가는 가장 확실하고 빠른 방법이다.

타라 브랙이 제시한 과제가 바로 구체적인 '자기 사랑법'이다. 자신을 괴롭히는 생각을 멈추고, 순간순간 내 마음을 관찰하면서 진짜 '나'를 만나 사랑하고, 나와 온 세상을 껴안는 과정이 바로 구체적인 자기 사랑법이다. 그녀는 또한 "자기 자신에게서 비로소 행복과 자유를 누릴 수 있다."고 강조했다.

그가 말하는 행복과 자유는 지금보다 나은 사람이 되려고 애쓰고, 상처와 절망 속에서 울고, 미래를 걱정하며 두려움에 떠는 모습에서는 결코 찾을 수 없다. 스스로 보듬고 돌보는 능동적인 지혜 속에 해답이 있다. 자신을 돌보는 것이야말로 가장 빠르고 확실한 자기 사랑법이기 때문이다. 자존감을 높이는 방법도 이와 같다.

수용이란 '어떠한 것을 받아들인다'는 의미다. 바꿀 수 없는 환경과 상황을 인정하고 받아들이는 것이 바로 수용이다. 수용과 긍정적인 사고는 맥을 같이한다. 긍정적 사고는 '무조건 잘될 거야'라고 생각하는 게 아니다. 바꿀 수 없는 상황을 받아들이고, 그것을 인정하는 것이다.

예를 들어 교통사고가 나서 다리가 부러진 상황이라고 가정해보자. 이미 일어난 상황을 바꿀 수는 없다. 그 상황을 수용하고 긍정적으로 사고한다면 "그래, 더 다치지 않은 게 어디야!"라고 생각할 수 있다. 바꿀 수 없는 그 상황을 부정적으로 받아들이지 않고 긍정적인 면을 보며 해석하는 발상의 전환이 바로 수용이다.

수용하면 좌절과 실패, 고통의 순간에도 자존감을 지킬 수 있다. 물론 수용한다고 해서 슬픔과 고통, 상실과 좌절이 사라지는 건 아니다. 그러나 마음의 평안은 얻을 수 있다. 바로 이것이 수용의 힘이다. 자기 돌봄은 스스로 인생을 책임지고, 목표를 향해 달려가게 하고, 수용은 상황을 긍정적으로 인식하도록 도와준다. 자기 돌봄과 수용 훈련을 통해 낮은 자존감을 높은 자존감으로 변화시키는 힘을 얻을 수 있다.

자신을 돌보고, 사랑할수록 다른 사람도 사랑하고, 신뢰할 수 있으며, 건강하고 성숙한 대인관계를 맺을 수 있다. 수용은 '당신이 얼마나 괜찮은 사람인지를 깨닫는 것'부터 시작된다. 자기 돌봄과 수용이 당신의 변하지 않는 가치를 깨우쳐 줄 것이다.[73]

햇살 버튼과
얼음 버튼

    내 마음에 햇살을 비추는 '햇살 버튼'과 내 마음을 차갑게 만드는 '얼음 버튼'은 나의 자존감을 높이는 요인과 나의 자존감을 낮추는 요인이 각각 무엇인지를 파악하는 활동이다. '햇살 버튼'은 '나에게 이 말을 더 많이 해 주세요'를 주제로 나의 자존감을 높이는 요인을 찾고 이해하는 게 목적이다. 반대로 '얼음 버튼'은 '나에게 이 말만은 하지 말아 달라'는 게 그 주제다. 나의 자존감을 낮추는 요인을 찾고, 이해하는 게 목적이다.

    더불어 가장 행복한 순간, 소중한 사람들, 비전과 꿈을 생각하면서 적는 활동이 있다. 내가 가지고 있는 자원 등 자존감을 높이는 또 다른 요인을 찾아보고 이해하는 활동이다. 나의 '햇살 버튼'과 '얼음 버튼'을 구분하고, 내가 가진 자원과 비전 그리고 꿈이 무엇인지 찾아보자.

햇살 버튼(나에게 이 말을 해 주세요)		
1.		
2.		
3.		
4.		
5.		

얼음 버튼(이 말만은 하지 말아 주세요)		
1.		
2.		
3.		
4.		
5.		

가장 행복한 순간	소중한 사람들	비전 그리고 꿈
1.	1.	1.
2.	2.	2.
3.	3.	3.

장애인 트라이애슬론
국가대표 김황태

김황태(1977~)는 두 팔이 없는 장애인 트라이애슬론(철인 3종) 선수다. 2024 파리 패럴림픽에서 그가 센강을 헤엄쳐 건너는 모습에 전 세계인이 감동했다. 그는 세계 10위를 기록했다. 어떻게 두 팔이 없는데 헤엄을 치고 사이클을 타고 마라톤을 할 수 있는지, 그 자체만으로도 금메달 이상의 가치가 충분했다.

그는 두 팔이 없어서, 정확하게 말하면 조금 남은 위팔로 스트로크해야 하기 때문에 속도가 나지 않고, 물속으로 계속 가라앉아서 수영하는 내내 애를 먹었다. 사이클을 탈 때는 의수에 의지했는데 그 역시 원활하지 않았다. 그래도 마라톤은 자신 있었다. 20년 경력을 자랑했기 때문이다. 끝까지 포기하지 않고 헤엄치고, 사이클을 타고, 달렸다. 현장에 있던 사람들은 그의 이름을 연호했다. 멈추지 않는 그의 도전이 모두에게 감동을 선사했기 때문이다.

김황태는 고압선을 수리하는 일을 하다가 2만 볼트가 넘는 전압에 감전당했다. 그때 그의 나이는 고작 스물세 살이었다. 무려 여덟 번의 수술 끝에 양팔을 절단할 수밖에 없었다. 그러나 그는 좌절하거나 원망하지 않았다. 흔들리지 않았고, 도전을 멈추지도 않았다. 신체 건강한 사람들도 쉽지 않은 종목을 선택했고 마침내 그의 이름을 세상에 알렸다.

그가 끊임없이 도전한 이유는 단 하나였다. 도전하는 자신의 모습을 통해 "장애인도 할 수 있다.", "집에만 있지 말고 세상 밖으로 나오라."고 호소하고 싶었기 때문이다.

어떻게 그 큰 어려움을 극복할 수 있었냐는 질문에 그가 대답했다.

"원래 낙천적인 것도 있고, 내가 어떻게 할 수 없는 상황이었습니다. 짧은 팔이라도 살아 있으니까 무엇인가 할 수 있겠다고 생각했습니다. 사랑하는 아내 덕분에 흔들리지 않을 수 있었습니다."

4장

나쁜 자존감,
좋은 자존감

　자존감에는 '나쁜 자존감'과 '좋은 자존감'이 있다. '나쁜 자존감'은 나와 타인에게 상처만 주고, 자기 자신과 중요한 타인과의 관계를 무너뜨리는 특징이 있다. 비합리적 신념과 그에 따른 적절하지 않은 행동으로 건강하지 않은 의사소통을 하게 되기 때문이다. 특히 '그 어떤 경우에도 실패는 없고, 실패를 인정해서도 안 된다.'는 비합리적인 신념에 사로잡혀 자기 자신은 물론이고, 중요한 타인에게 반드시 성공해야만 한다고 강요한다. 또 문제의 원인과 책임을 자기 자신에게서 찾지 않고, 외부 혹은 타인에게서 찾으려 한다. 그래서 문제를 직면할 때마다 당황하고, 회피한다. 나쁜 자존감이 가진 전형적인 특징이다.

　'좋은 자존감'은 나와 타인의 관계를 소중하게 지켜 준다. 나와 타인을 있는 그대로 인정하고, 서로를 효용감과 유능감 있는 존재로 여기기 때문이다. 내 생각과 감정, 느낌을 타인에게 강요하지 않으며, 합리적인 생각과 판단을 한다. 타인과 사회의 인정을 받는 그 무언가가 있어야만 존중받는 게 아니라 당신 그 자체를 사랑하고, 수용하고, 인정한다. "당신은 사랑받기 위해 태어났고, 당신은 사랑받을 만한 가치가 충분하며, 주체적으로 삶을 행복하게 살아갈 힘이 있다."고 여긴다.

무엇이 자존감의 모양을 결정할까?

이제부터는 나쁜 자존감과 좋은 자존감의 모습을 확인하고, 어떻게 하면 나쁜 자존감에서 벗어나 좋은 자존감을 형성할 수 있는지 그 방법을 알아보자. 나쁜 자존감은 자기 자신은 물론이고, 타인과의 관계에서 다양한 갈등과 다툼, 분열을 만든다. 나쁜 자존감이 자기 자신과 타인을 있는 그대로 수용하지 않고, 괜히 미워하고, 끊임없이 비교해서 차별하고 혐오하게 만들기 때문이다.[74]

누구에게나 나쁜 자존감과 좋은 자존감을 만드는 사람 그리고 경험(사건)이 있다. 누군가의 말 한마디가 나쁜 자존감 혹은 좋은 자존감을 만드는 요인이 되는 경우도 있다. 말 한마디가 한 사람을 살리기도, 죽이기도 한다. 물론 모든 사람에게 이 주장을 대입하

는 것은 무리다. 하지만 그 사람 혹은 그 경험이 자존감 형성에 상당한 영향을 주는 것은 사실이다.[75]

나쁜 자존감을 만드는 사람 그리고 경험

먼저 나쁜 자존감을 만드는 사람 그리고 경험을 살펴보자. ▶자기혐오 ▶자책과 비교 ▶자녀에 대한 잘못된 소유의식 ▶잦은 실패와 좌절 ▶비교, 비난, 저주 ▶학습된 무기력과 세대 간 대물림 ▶말투 등이 있다.

• 자기혐오

혐오는 다름을 인정하지 않는 데서 시작된다. 나와 타인, 세대와 성별, 가치관과 신념에 따른 본질적인 차이를 이해하지 않고, 다른 생각과 모습을 가진 이웃을 품지 않으며, 나와 다른 의견에는 절대로 귀 기울이지 않는 게 혐오다. '나'를 잣대로 세우고 내 기준에 맞지 않는 사람을 경계 대상으로 삼는다. 내가 세운 잣대에 만족하지 못하면 자기 자신도 곧 혐오의 대상이 된다.[76]

"I don't wanna be you."
(나는 네가 되고 싶지 않아)

미국의 유명 가수 빌리 아일리시의 노래 「I don't wanna be you anymore」의 가사 일부다. 이 노래에서 말하는 '너(you)'는 '자기 자신'이다. 이 노래의 뮤직비디오에서 빌리 아일리시가 거울에 비친 자기 자신에게 손가락질하면서 "I don't wanna be you anymore."라고 속삭인다. 절대 되고 싶지 않은 존재가 바로 '나'라는 의미인데, 이 말만큼 자기 자신을 부정하는 말이 또 있을까 싶다. 자기 부정은 '자기혐오'의 한 방식이다.

자기혐오는 자기 자신을 부정하거나 증오하고, 자기 자신에 대한 분노감 내지는 선입견에 빠져 있는 상태를 말한다. 심리학자들은 자기혐오가 자존감 수준과 긴밀한 관계가 있다고 여긴다. 즉 자기혐오에 빠진 사람을 '자존감이 저하된 상태'라고 진단한다.[77]

거듭 강조하지만, 자존감은 자신의 능력과 가치를 어떻게 생각하는지에 대한 주관적인 평가와 태도다. 그래서 자존감 수준에 따라 자기 자신을 얼마나 존중하고, 사랑하는지를 알 수 있다. 자존감이 높은 사람일수록 자기 자신을 있는 그대로 긍정적으로 평가하지만, 자존감이 낮은 사람일수록 자기 자신을 부정적으로 평가한다. 따라서 자기혐오를 극복하는 방법은 자존감을 회복하는 것이다. 삭막한 마음에 좋은 자존감, 높은 자존감을 심는 것이다.

• 자책과 비교

누구나 자기 자신이 밉고, 싫어질 때가 있다. 뜻하지 않은 실수를 했을 때, 자신의 신념에 맞지 않는 행동을 했을 때, 남들보다 외모가 별로라고 여겨질 때, 열심히 했는데 결국 실패했을 때 등 마음에 들지 않는 날이 꼭 있다. 하루 이틀 그러다 나아지면 괜찮은데, 그 상태가 몇 주, 몇 달, 몇 년간 지속되기도 한다. 그 기간에는 주변에서 아무리 좋은 말을 해 줘도 받아들이기 힘들다. 다른 사람과 자신을 끊임없이 비교하고, 자신의 단점에만 몰두하기 때문이다. 자기 자신이 세상에서 가장 하찮은 존재로 느껴지기도 한다.

자신을 있는 그대로 존중하지 않고 사랑하지 않는 사람은 매사가 부정적이다. 좋은 것을 좋은 것으로, 아름다운 것을 아름다운 것으로 여기지 않는다. 자기 자신을 끊임없이 부정하고 미워할 뿐아니라, 타인도 부정하고 미워한다. 결국은 자기혐오와 타인에 대한 분노를 쏟아 내고 만다. 그 원인은 대개 자책과 비교다. 자기 자신을 다른 사람과 비교하고 평가할수록 자기혐오의 늪에 빠질 수밖에 없다.

이런 사람들은 열심히 살면서도 만족하지 못하고, 무엇인가 불안해한다. 특히 다른 사람과 자신의 삶을 끊임없이 비교하면서 주눅 들고, 용기를 잃는 경우가 많다. 이는 내면에서 비롯되기도 하지만, 외적인 콤플렉스에서 기인하는 경우가 더 많다. 외적인 부분이야말로 남들과 비교하기 좋은 재료이기 때문이다.

몸무게가 부쩍 늘어 고민인 사람을 만났다. 그는 거울을 볼 때마다 한숨이 나온다고 했다. 남들은 잘만 성공하는 다이어트를 매번 실패하는 자기 자신이 너무 한심하다고 했다.

"대학생 때보다 몸무게가 30㎏이나 쪘어요. 살이 찔 때마다 다이어트를 다짐했는데 매번 실패했어요. 주위 사람들이나 인터넷에 올라오는 글들을 보면 다들 다이어트에 성공하는데 저만 못하는 거 같더라고요. 아무래도 제 의지가 부족한 탓이겠죠? 몇 년째 다이어트를 하겠다는 말만 하고 제대로 실천하지 못하는 제가 너무 한심해요."

그는 자책과 비교에서 온 자기혐오에 빠져 일상에 매우 큰 어려움을 겪고 있었다. 대표적인 어려움은 사람 만나는 일을 그렇게 좋아하던 사람이 완전히 달라진 것이다. 사람들 만나는 자리에 나가는 게 두렵고 겁이 나서 피하기 시작했다며 눈물을 쏟았다.

"살이 찌면서 오랜만에 친구들을 만나거나 새로운 사람들을 만나는 자리에 가는 게 무서워졌어요. 제가 너무 뚱뚱해서 사람들이 모두 제 욕을 할 것 같거든요. 사람들이 제게 그리 큰 관심이 없다는 것을 알지만 남들에게 저를 보이는 자리에 가고 싶지 않아요. 누군가 저에게 아무리 좋은 말을 해 줘도 거짓말처럼 느껴져요."

자기혐오의 늪에서 벗어나 자기 자신을 있는 그대로 사랑해야 한다. 그러기 위해서는 '나는 존재 자체만으로도 귀한 사람'이라는 확신이 있어야 한다. 그것이 자기 사랑이다. 또 실패하고 좌절해도 도전하고, 해낼 수 있다는 유능감을 회복해야 한다. 살이 쪘다고 해서, 키가 작다고 해서, 공부를 못한다고 해서, 가난하다고 해서 하찮은 존재가 아니다. 우리는 세상에 둘도 없는 존귀한 존재다. '있는 그대로의 나'를 인정하고, 존중하고, 사랑해야 한다. 그리고 유능감을 회복해야 한다. 그래야 자기혐오 늪에서 벗어날 수 있고, 높은 자존감, 좋은 자존감을 회복할 수 있다.[78]

• 자녀에 대한 잘못된 소유의식

자녀에 대한 잘못된 소유의식은 필연적으로 나쁜 자존감을 만든다. 자녀에게 부모는 곧 신이다. 자녀에게 부모의 존재보다 큰 의미는 없다는 의미다. 그런데 자녀의 생존과 성장을 위해 의식주를 제공했으니 부모의 역할을 다했다고 여기는 이들이 있다. 엄청난 오산이다. 자녀의 생존과 성장에 필요한 것이 의식주만 있는 게 아니기 때문이다.

더불어 자녀를 부모의 소유물로 여기는 이들도 있다. 이는 위험 천만한 발상이 아닐 수 없다. 부모의 역할은 자녀의 존재를 있는 그대로 인정하고, 수용하고, 이해하고, 따뜻하게 품고, 섬기며, 건강하게 성장해서 독립하도록 돕는 것이다. 부모의 선택으로 태어난 자녀를 끝까지 책임지는 일은 대단한 헌신도, 희생도 아니다. 부모의 선택에 당연한 책임을 지는 일련의 과정일 뿐이다.

부모가 자녀를 '소유'의 개념으로 인식하면 그때부터 심각한 문제가 발생한다. 부모의 지나치거나 방임적인 태도, 강압적이거나 폭력적인 말과 행동 등이 바로 여기서 기인하기 때문이다. 부모의 잘못된 양육 방식과 태도를 개선하기 위해서는 자녀를 바라보는 시선부터 바꿔야 한다.

자녀가 부모의 소유가 아니라는 것, 그 존재 자체만으로도 귀하다는 것을 인정할 때 비로소 적절하고 건강한 양육이 가능해진다. 적절하고 건강한 부모의 양육 방식이 자녀의 좋은 자존감을 만든다.[79]

• 잦은 실패와 좌절

잦은 실패와 좌절도 나쁜 자존감을 만드는 요인으로 작용한다. 잦은 실패와 좌절이 자기 자신은 물론이고, 타인과 사회의 평가에 지대한 영향을 미치기 때문이다.

학창 시절, 공부를 정말 열심히 하는 친구가 있었다. 쉬는 시간도 아낄 정도로 열심이었다. 그런데 시험을 볼 때마다 생각만큼 성적이 잘 나오지 않았다. 그 친구는 "시험 볼 때마다 좌절하고 실패를 경험했다."고 털어놨다. 아무도 그의 노력을 알아주지 않는 상황으로 인해 몹시 좌절했던 것 같다.

"나는 아무리 열심히 해도 안 되는 사람인가 봐. 열심히 해도 아무 소용 없어. 나는 이것밖에 안 되는 사람이야."

결국 그 친구는 나쁜 자존감을 형성했다. 잦은 좌절과 실패만큼 기운 빠지고, 중요한 사람들에게 괜히 미안해지고, 온 마음과 육신이 흔들리는 경험이 별로 없기 때문에 그 친구의 방황과 나쁜 자존감과의 조우가 한편으로는 이해되었다. 살다 보면 정말 열심히 해도 안 되는 일도 있기에 측은한 마음도 생겼다.

그렇다고 끝까지 나쁜 자존감을 가지고 스스로를 괴롭히며 살수는 없다. 잦은 실패와 좌절에 무릎 꿇지 않는 나만의 무기가 있어야 한다. 그 무기가 바로 '좋은 자존감'이다. 잦은 실패와 좌절이 내 노력을 흔들고, 중요한 사람들에게 좋지 않은 평가를 받아도 '나는 사랑받을 수밖에 없는 존재이고, 반드시 좋아하고 잘할 수 있는 일이 있다.'고 믿어야 한다. 좋은 자존감만이 나쁜 자존감이라는 깊은 웅덩이에서 나를 꺼낼 수 있다.

• 비교, 비난, 저주

비교하고, 비난하고, 저주를 퍼붓는 사람들이 있다. 그들의 대상이 되면 당연히 나쁜 자존감을 형성하게 된다. 그것도 부모나 가족, 친구와 같이 중요한 타인이 나에게 모욕적이고 참기 힘든 일을 경험하게 만들면, 나쁜 자존감의 나락으로 떨어질 수밖에 없다.

"너는 왜 그 모양이니?"

"제대로 하는 일이 하나도 없어."

"내가 그럴 줄 알았어!"

"너 따위가 뭘 안다고!"

이와 같은 말이 비교하고, 비난하고, 저주를 퍼붓는 말이다. 이 말들은 그 어떤 상황에서도 꺼내면 안 된다. 이런 말을 자주 들은 사람의 마음에는 파괴적 분노, 서러움과 억울함, 우울감과 자책감 등의 감정과 정서가 깊이 자리 잡기 때문이다. 이 부정적인 감정과 정서가 결국 나쁜 자존감으로 이어진다.[80]

• 학습된 무기력과 세대 간 대물림

학습된 무기력은 피하거나 극복할 수 없는 부정적인 상황에 계속 노출되면서 그 어떠한 시도나 노력으로도 결과를 바꿀 수 없다고 여기며 무기력해지는 현상을 일컫는다.[81] 과거에 그랬던 것처럼, 지금도 아무것도 통제할 수 없고, 미래에도 할 수 있는 게 없을 거라는 상실감에 의해 더욱 심화된다. 아무리 노력해도 결과가 바뀌지 않을 거라는 생각 때문에 아무것도 하지 않게 된다. 이는 결국 의욕 상실, 열등감, 우울 등으로 이어지기 쉽다.

한편, 세대 간 대물림은 '세대를 이어 물려주는 영향 혹은 그 무엇'이라고 정의할 수 있다.[82] 가족의 정서가 다음 세대로 전이되는 것을 의미한다. 문제는 세대 간 대물림이 '비극의 대물림'이 될 때 발생한다. 세대를 이어 나쁜 정서와 감정, 행동, 그리고 나쁜 자존 감이 고착되는 심각한 문제가 될 가능성이 크다.[83]

이를 뒷받침하는 연구 하나를 소개한다. 사우스오스트레일리아에서 3년 동안 아동 학대의 세대 간 전염 위험을 분석한 연구 결과 발표했는데, 기존에 알려진 것보다 세대 간 아동 학대 전염 위험이 훨씬 컸다. 어릴 때 학대를 당한 엄마가 높은 확률로 아동 학대의 가장 큰 위험 요소가 된다는 사실을 밝혀낸 것이다.

이 연구에서 밝힌 아동 학대 가해자 중 약 83%가 어린 시절 학대를 받아 아동보호서비스를 받은 엄마들이었다. 아동보호서비스를 받지 않은 엄마로부터 학대를 당한 아동의 비율이 5%인 것과 대조적이다. 어린 시절 학대당한 엄마와 함께 지내는 아동의 30%가 12세까지 모성 학대나 방치를 경험했다는 사실도 발견했다.[84]

이처럼 세대를 이어 전수된 '비극의 대물림'을 가지고 성장한 아이가 성인이 되고, 부모가 되면 이전 세대의 문제가 또다시 나타날 가능성이 있다. 이 악순환의 고리를 지금 끊어 내지 않으면 그 아픈 고통의 늪에서 빠져나오지 못한 채 자신의 자식 세대에까지 대물림하고 말 것이다.

학습된 무기력과 부정적인 세대 간 대물림이 있으면 자기 자신을 있는 그대로 사랑하고 수용하고 이해하는 과정에서 문제가 생길 수 있다. 그 영향으로 나쁜 자존감이 생기는 게 어쩌면 당연할지도 모른다. 따라서 학습된 무기력과 부정적인 세대 간 대물림의 영향을 받고 있다면 반드시 전문적인 도움을 받아 그 악순환의 고리를 끊어 내야만 한다. 얼마든지, 충분히 벗어날 수 있다.

• 말투

같은 말을 해도 상대방의 기분을 좋게 하는 사람이 있고, 기분을 망가뜨리는 사람이 있다. 그 말의 의도와 상관없이 그 사람의 말투, 말씨, 말씀이 그것을 결정한다. 본래 말투란 '말하는 버릇이나 본새'를 의미한다. 그런데 여기서 말하고자 하는 말투는 한자어 '싸울 투'를 사용하여 상대방을 기분 나쁘게 하고, 자존심 상하게 하고, 결국 싸움을 만드는 투박하고 공격적인 말을 뜻한다. '뜻풀이 그대로 싸움을 부르는 말'이다.

말투를 쓰는 사람의 대인관계가 좋을 리 없다. 말투를 자주 쓰는 부모라면 자녀에게, 부부라면 배우자에게, 직장인이라면 동료들에게 뜻하지 않아도 부정적 영향을 주고, 결국 외톨이가 되고 만다. 그 사람과 대화하면 일단 기분이 나쁘고, 자존심이 몹시 상하고, 결국 싸움에 이르는 일이 잦아 모두가 피하기 때문이다.

부모에게 말투를 듣고 자란 아이, 무지막지한 말투를 견디며 성장한 청년, 말투가 난무하는 가정에 사는 부부는 나쁜 자존감을 형성할 가능성이 매우 크다. 따라서 말투를 벗어던지고, 부드럽고, 따뜻하고, 기분 좋은 향기를 내는 아름다운 입술로 변화해야 한다.

좋은 자존감을 만드는 사람 그리고 경험

지금부터는 좋은 자존감을 만드는 요인과 그 이유를 살펴보자. 거듭 강조하지만 좋은 자존감은 그 사람을 있는 그대로 사랑하고, 수용하며, 효능감과 유능감을 인정하는 것이다. 좋은 자존감을 만드는 사람 그리고 경험에는 ▶약해져도 괜찮다고 여기기 ▶실패와 좌절을 보편적 경험으로 여기기 ▶자기 친절 ▶좋은 말씨와 말씀 ▶감사 ▶작은 성공 ▶위로와 격려, 지지 ▶신뢰 ▶관심과 이해 ▶이타심과 자애 등이 있다.

• 약해져도 괜찮다고 여기기

사람들은 '약해지면 안 된다.'고 생각하는 경향이 있다. 약함이 곧 약점이라고 여기기 때문이다. 그런데 사실은 정반대다. 때로는 약해질 필요가 있다. 그 약함이 곧 강함으로 바뀌는 놀라운 경험을 할 수 있기 때문인데, 바로 그 약함에서 강력한 원동력이 나온다.

누군가에게 나의 약함을 드러내도 괜찮다. 나의 약점을 인정하는 자세가 오히려 건강하다. 나의 약함과 약점, 실패와 좌절을 무조건 감추면 더 큰 어려움을 겪을 가능성만 커진다. 두려움과 불안한 마음을 감추려고 할수록 흔들리고, 잘못된 판단을 내릴 가능성이 커지기 때문이다.

자기 자신에게 지나치게 엄격할 필요는 없다. 물론, 마음을 단

단히 하고, 결의를 다지기 위해 어느 정도의 엄격함은 필요하다. 현실에 안주하지 않으려는 마음가짐과 나태함을 방지하고자 하는 의도에서의 엄격함은 좋은 약이다. 그러나 정도가 지나치면 곤란하다. 자존감이 손상될 위험이 있기 때문이다. 지나친 엄격함이 자기비판을 낳고, 자기비판이 자기혐오로 이어지는 것을 경계해야 한다.

자기비판이나 자기혐오에 빠지지 않는 두 가지 방법이 있다. 하나는 그 일(상황)이 '누구에게나 있는 보편적인 경험'이라고 여기는 것이고, 또 다른 하나는 '자기 친절'이다.

• 실패와 좌절을 보편적 경험으로 여기기

자신에게 일어난 상황을 '나만 그러는 게 아니다. 누구나 겪는 일이다.'라고 생각하는 것이다. 누구나 살면서 실패와 좌절, 고통과 상실을 경험한다. 그 경험이 나에게만 나타나고, 그런 사건을 겪으면 남들에게 뒤처지거나 열등한 존재가 된다고 생각해서는 절대 안 된다. 그래서 누구나 겪는 보편적인 경험이라고 생각하는 게 매우 중요하다. 그렇게 하면 일단 내 마음이 편안해진다. 그리고 위안을 얻을 수 있다.

고통과 상실을 겪고, 실패하고 좌절하면 누구나 마음이 아프고 속상하다. 사람들에게 환영받지 못하면 외로움을 느끼는 것은 모든 인간의 공통적인 감정이자 정서이다. 그렇다고 좌절하고 실패할 때마다 '왜 나에게만 이런 일이 있을까?', '왜 나만 실패할까?'라고 여기면 불행해질 수밖에 없다.

무엇보다 실제로 나만 좌절하거나 실패하는 게 아니다. 누구나 언제든지 좌절하고 실패할 수 있다. 실패와 좌절, 고통과 상실의 경험은 누구에게나 있는 보편적인 경험이다. 중요한 것은 좌절하거나 실패하지 않는 게 아니라 그것을 딛고 일어서는 것이다.

• 자기 친절

자기 친절이란, 말 그대로 자기 자신을 따뜻하게 대해 주는 격려다. '내가 나의 가장 친한 친구'라고 선언하는 행위다. 실패하고, 좌절하고, 실수해도 적어도 나만큼은 나에게 친절해야 한다. 자기 자신을 혐오하고, 분노하고, 비판하는 대신 늘 친절하고 따뜻하게 대하고, 수용하는 태도가 바로 자기 친절이다.[85]

자기 잘못을 무조건 감싸고, 반성하지 말라는 의미가 아니다. 그 어떤 순간에도 나는 내 곁에 있겠다는 변하지 않는 약속을 말하는 것이다. 이 약속이 있으면 우리는 자기 비하, 자기 폄하, 자기 비난을 멈출 수 있다.

• 좋은 말씨와 말씀

말씨는 '말하는 태도나 버릇'을 의미하는데, 나쁜 말씨는 모두에게 좋을 게 하나도 없다. 대인관계를 나쁘게 하고, 좋은 관계를 어굿나게 만들고, 결국에는 그 나쁜 말씨를 듣는 이에게 나쁜 자존감을 가져다주기 때문이다.

그러나 좋은 말씨는 좋은 씨앗을 뿌리는 농부와 같다. 그 말 한마디가 가슴에 싹을 틔우고, 잎을 내고, 열매를 맺게 한다. 좋은 자존감은 누군가의 말씨에서 시작되는 경우가 많다. 그리고 다음과 같은 좋은 말씨는 한 사람의 인생을 꽃피운다.

"네가 자랑스럽다."

"너는 정말 소중해."

"네가 이렇게 멋지게 해낼 거라 믿고 있었어."

말씀은 생명이다. 말씀은 누군가의 생명을 살리고, 비전을 품게 하고, 희망과 소망을 꿈꾸게 만든다. 좋은 말씨가 싹을 내고, 성장해서 맺은 열매가 곧 말씀이다. 말씀은 위인이나 성직자, 사회적으로 인정받는 사람들만의 전유물이 아니다. 누군가를 격려하고 응원하고 위로하고 곁에서 돕겠다는 메시지가 곧 말씀이다. 그 말씀이 한 사람의 생명을 살리고, 희망과 소망, 비전과 꿈을 선물한다.

• 감사

감사의 사전적 의미는 '고마움을 나타내는 인사', '고맙게 여김 또는 그런 마음[86]이다. 감사(感謝)의 한자 풀이를 보면, '감(感)'은 느낄 감, '사(謝)'는 사례할 사인데, '사' 자를 구체적으로 살펴보면 말(言)과 쏠 사(射)가 합쳐져서 만들어졌다. 즉, 감사는 고마움을 느끼는 그 마음을 말(겉)로 표현해야 비로소 빛을 발한다는 의미로 해석할 수 있다.

감사하는 사람은 그 자체가 선물이다. 감사보다 좋은 양식이 없기 때문이다. 감사의 영역과 대상에는 제한이 없다. 도움을 준 사람에게 고마움을 표현하고, 그 힘들고 어려운 순간을 잘 견뎌 준 자기 자신에게도 감사해야 한다.[87] 스스로 감사하는 사람, 작은 도움에도 진심으로 감사를 표현하는 사람이 좋은 자존감을 형성할 수 있다. 그 사람의 긍정적인 가치관과 신념이 좋은 자존감을 형성하는 원동력이 되어 주기 때문이다.

• 작은 성공

앞서 살펴본 것처럼, 잦은 실패와 좌절은 나쁜 자존감을 가져온다. 그 해결책은 '작은 성공'이다. 작고 소소한 성공 경험을 많이 쌓을수록 좋은 자존감을 형성할 수 있다. 작은 성공을 위한 몇 가지 조건이 있다.

- 무리한 목표 설정하지 않기
- 할 수 있는 범위 안에서 실천하기
- 긍정적인 의미 부여하기

누군가의 강요나 지나치게 큰 목표일 경우, 달성하는 데 실패하면서 생기는 좌절감은 성공 경험을 쌓는 일을 방해한다. 작은 성공은 성실하게 학교에 출석한 일, 하나도 성공하지 못했던 턱걸이를 노력 끝에 두 개나 한 일, 정말 하기 싫은 과제를 꾹 참고 완수한 일 등 일상에서 쉽게 찾을 수 있다. 작은 성공 경험이 모여서 큰 성공으로 이어지고, 그 과정에서 좋은 자존감이 자연스럽게 따라온다.[88]

• 위로와 격려, 지지

우연히 라디오에서 들은 노래 한 곡이 마음을 울렸다. 그 여운이 참 길게 이어졌다. 그 노래를 누군가에게 들려줬다. 그랬더니 그 사람도 힘이 솟는다고 고백했다. 크게 감동하고, 위로받았다며 또 다른 누군가에게 그 노래를 들려주겠노라 했다. 그 노래는 가수 커피소년의 「내가 네 편이 되어 줄게」다. 노랫말이 힘든 마음에 다가와 정말 포근하게 안아 주는 느낌을 준다.

누가 내 맘을 위로할까 누가 내 맘을 알아줄까

모두가 나를 비웃는 것 같아 기댈 곳 하나 없네

이젠 괜찮다 했었는데 익숙해진 줄 알았는데

다시 찾아온 이 절망에 나는 또 쓰러져 혼자 남아 있네

내가 네 편이 되어 줄게 괜찮다 말해 줄게

다 잘될 거라고 넌 빛날 거라고 넌 나에게 소중하다고

모두 끝난 것 같은 날에 내 목소릴 기억해

괜찮아 다 잘될 거야 넌 나에게 가장 소중한 사람

- 커피소년, 「내가 네 편의 되어 줄게」 중에서

가사에 위로와 격려, 지지가 잘 표현되어 있다. 위로와 격려, 지지는 그 말만 들어도 힘이 솟고, 위로된다. 인간은 늘 위로받고, 격려받고, 지지받고 싶은 욕구가 있는 존재이기 때문이다. 좌절하거나 실패했을 때, 끊임없이 방황할 때, 나를 사랑하고 소중히 여기는 사람들이 보내는 위로와 격려, 지지는 엄청난 힘을 가지고 있다.

넘어져도 일어날 수 있고, 괴롭고 힘들어도 다시 도전할 수 있으며 아무리 힘들어도 포기하지 않는 초인 같은 힘을 제공한다. 적재적소에 제공되는 위로와 격려, 지지는 좋은 자존감을 가져올 수밖에 없다. 그 누구라도 위로와 격려, 지지를 싫어하거나 피하고 싶지 않은 이유도 그 때문일 것이다.

• 신뢰

신뢰는 친밀함을 낳고, 배신은 참담함을 낳는다. 우리 모두 믿는 도끼에 발등 찍힌 적이 있다. 배신의 상처는 크고 깊고 아프다.

대인관계의 기초가 신뢰다. 신뢰가 훼손되면 모든 관계가 무너지고 만다. 믿을 만한 사람과 믿어서는 안 될 사람을 분별하고, 누군가에게 믿음이 가는 존재가 되기 위한 태도와 노력을 반드시 해야 한다. 신뢰가 그 사람의 대인관계, 나아가 삶을 움직이는 연료이기 때문이다.[89]

"누군가 나를 온전히 신뢰하면 그 사람을 위해서라면 목숨을 걸 정도의 힘이 생긴다."는 격언이 있다. 이 격언처럼, 내가 나에게 보내는 신뢰, 중요한 사람들이 나에게 보내는 신뢰가 '좋은 자존감'을 만든다. "네가 어떤 상황에 있더라도 나는 너를 믿어."라는 말보다 강력한 응원이 없는 이유가 그 때문이다. 끝까지 나에게 신뢰를 보내는 단 한 사람만 있어도 충분히 가치 있고, 성공한 인생이라 할 수 있다.

• 관심과 이해

2024 파리올림픽 남자 높이뛰기에 출전한 '스마일 점퍼' 우상혁 선수는 우리나라 최초로 필드 육상 종목에서 인정받은 세계적인 선수다. 우리나라 선수가 필드 육상 종목에서 주목받는 일 자체가 역사상 처음 있는 일이다. 그 대단한 일을 해낸 우상혁 선수를 만든 게 바로 '관심과 이해'다.

우상혁 선수와 김도균 코치의 만남이 그 기적적인 역사의 시작이었다. 2019년 우상혁 선수는 극심한 슬럼프에 빠졌다. 그렇게 좋아하던 높이뛰기를 그만둘 생각까지 했다. 체중이 90kg을 넘길

정도로 몸 관리에도 완전히 손을 놓고 있었다. 바로 그때 김도균 코치가 우상혁 선수에게 먼저 손을 내밀었다.

> *"네가 높이뛰기를 얼마나 간절히 원하는지를 나는 알고 있다. 끝까지 너를 믿는다. 나는!"*

이 말 한마디가 우상혁 선수를 세계 정상급 선수 반열에 올려놓는 결정적인 계기가 됐다. 김도균 코치가 우상혁 선수의 마음과 생각에 큰 관심을 가지고, 그의 아픔과 어려움을 이해하며 만들어 낸 기적이다.

우상혁 선수는 김도균 코치와의 만남을 계기로 높이뛰기 실력이 계단식 상승했다. 상상조차 하기 어려웠던 바로 그 꿈, 세계적인 높이뛰기 선수가 되겠다는 그 꿈을 마침내 이뤄 내고 말았다. 김도균 코치가 보여 준 관심과 이해의 힘 덕분이다.

좋은 자존감을 형성하는 데도 관심과 이해가 결정적인 영향을 줄 수 있다. 사람은 누구나 자신에게 깊은 관심을 보이고, 자신을 진솔하게 이해해 주는 그 사람의 격려와 응원, 사랑의 힘으로 성장하고 성숙하기 때문이다.

• 이타심과 자애

이타심은 '다른 사람을 사랑하고, 친절하게 대하는 것'이다. 비숫한 의미의 자애(慈愛)는 '다른 사람에게 보내는 도타운 사랑'을 말한다.[90] 사랑을 베푸는 사람 주변에는 이타적이고 자애로운 사람이, 긍정적인 사람 주위에는 긍정적인 사람이 모이기 마련이다. 반대로 비판적이고, 부정적이며, 이기적인 사람 곁에는 그와 똑같은 사람만 모인다. 결국, 갈등하고 고립되고 외로워질 뿐이다.

이타적인 마음과 자애로운 마음은 온전한 치유와 평온을 가져온다. 누군가를 끊임없이 미워하고, 끝까지 용서하지 못하면 결국 본인만 괴롭다. 과거는 돌이킬 수 없고, 그 행동과 선택도 되돌릴 수 없기 때문이다. 물론 늘 이타적인 마음과 자애로운 마음을 유지하는 것은 불가능하다. 그럼에도 여전히 감사한 일이 많다는 사실을 인지하고, 누군가를 위하는 마음으로 베풀고, 용서를 선택하는 게 좋은 자존감을 형성하는 데 유익하다.[91]

성공하든 실패하든, 이기든 지든, 의기양양하든 움츠려 있든 늘 이타적인 마음과 자애로운 마음을 품으려고 노력하면 성장과 성숙, 치유와 회복을 경험할 수 있다.

자기 가치감 테스트

'자기 가치감 테스트'는 스스로 자기 자신을 얼마나 사랑하고, 수용하며, 이해하고 있는지를 알아보는 유용한 도구다. 자기를 타인과 동등한 존재로서 행복할 가치가 있는 존재임을 스스로 인식하는 '자기 가치감'을 알아보는 데 목적이 있다. 총 30문항으로 구성되어 있고, 0~10점, 11~30점, 31~60점, 61~91점으로 점수를 구분한다. 문항 값의 합을 구해서 본인의 점수를 구하면 된다.

● 자기 가치감 테스트[92]

0	1	2	3
전혀 그렇지 않다	약간 그렇지 않다	약간 그렇다	아주 그렇다

1. 나는 남과 비교하는 일이 잦다.	0 1 2 3
2. 남들로 인해 쉽게 기분이 상한다.	0 1 2 3
3. 남들의 인정을 받는 것이 매우 중요하다.	0 1 2 3

4. 남들이 나를 공격한다고 느낀 적이 많다.	0 1 2 3
5. 실패할까 겁나서 아무 일도 시작을 안 하는 편이다.	0 1 2 3
6. 모든 일을 110% 해내야 직성이 풀린다.	0 1 2 3
7. 남들이 나를 어떻게 생각하는지가 매우 중요하다.	0 1 2 3
8. 남들에게 진짜 내 모습을 보이기가 겁난다.	0 1 2 3
9. 항상 남들을 만족시키고 싶다.	0 1 2 3
10. 다른 사람의 부탁을 거절하기가 매우 어렵다.	0 1 2 3
11. 성공한 사람을 보면 샘이 난다.	0 1 2 3
12. 스스로 사랑받지 못한다는 느낌이 자주 든다.	0 1 2 3
13. 나와 남들에게 무언가를 증명해야 마음이 편하다.	0 1 2 3
14. 실수 때문에 자책을 많이 하는 편이다.	0 1 2 3
15. 칭찬을 받으면 흔쾌히 받아들이기가 힘들다.	0 1 2 3
16. 스스로 실패자라는 느낌을 자주 갖는다.	0 1 2 3
17. 죄책감을 자주 느낀다.	0 1 2 3
18. 우울하고 기가 꺾여 있을 때가 많다.	0 1 2 3
19. 나에 대한 평판이 나쁠까 걱정을 많이 하는 편이다.	0 1 2 3
20. 약하다는 것 자체가 싫다.	0 1 2 3
21. 약점을 보이는 것은 끔찍한 일이다.	0 1 2 3
22. 내가 잘 지내지 못하는 것은 어쩌면 당연하다.	0 1 2 3

23. 누군가 나에 대해 이야기하는 것을 보면 '나쁜 말을 하고 있구나' 생각한다.	0 1 2 3
24. 거울을 보기 싫어하는 편이다.	0 1 2 3
25. 남들 앞에서 나의 약점과 실수를 숨기려고 한다.	0 1 2 3
26. 나와 남을 비교할 경우 불리한 쪽은 항상 나다.	0 1 2 3
27. 나 자신에 대해 화가 날 때가 많다.	0 1 2 3
28. 항상 나에게 모든 일을 똑바로 하라고 요구한다.	0 1 2 3
29. 나 자신과 내 능력을 의심할 때가 많다.	0 1 2 3
30. 외모 때문에 걱정을 많이 한다.	0 1 2 3

● **채점 및 결과 분석**

문항 값의 합을 구해서 점수를 구해 보자.

- 0~10점 : 축하할 만큼 매우 좋은 결과다. 당신의 자기 가치감은 아주 든든하며, 균형이 잘 잡힌 인성이라 할 수 있다.
- 11~30점: 자기 가치감이 매우 높다. 이와 같은 연습과 노력이 앞으로도 큰 도움이 될 것이다.
- 31~60점: 자기 가치감이 낮지만 희망이 없는 것은 아니다. 자신을 변화시키는 노력을 열심히 해야 한다. 그러면 장점으로 부각할 부분이 많다는 사실을 알 수 있을 것이다.
- 61~91점: 자기 가치감이 떨어질 대로 떨어져 있다. 절대로 희

망을 버리면 안 된다. 자기 가치감을 강화하고 싶다면 시간을
많이 들여야 한다는 점을 미리 알아 두라. 전문가의 도움을 받
으면 훨씬 효과적이다.

지휘자 손인경과
발달장애인 오케스트라 '사랑챔버'

장애인, 그것도 악보를 볼 줄도, 악기를 다룰 줄도 모르던 발달장애인들이 오케스트라를 구성했다는 것은 기적 같은 일이다. 그런데 한 사람의 귀한 헌신이 이 기적을 만들었다. 지휘자 손인경과 장애인 오케스트라 '사랑챔버'가 그 주인공이다.

오케스트라 사랑챔버는 발달장애인으로 구성되었다. 어느 교회의 체임버 오케스트라로 시작해 지금은 국내를 넘어 해외에서도 인정받고 있다. 그 시작은 지휘자 손인경의 귀한 헌신이었다. 사랑챔버의 단장인 그녀는 예일대학교에서 바이올린으로 박사 학위를 취득한 전문가다. 그녀의 눈물과 정성, 섬김과 인내가 지금의 사랑챔버를 만들었다.

사랑챔버 연습실에 가면 누구라도 깜짝 놀란다. 손인경 단장의 암호 같은 손짓을 보고 발달장애인인 단원들이 아름답고 선명한 화음을 만들어 내기 때문이다. 손인경 단장의 눈빛과 표정, 손짓은 단원 한 사람 한 사람을 향해 있다. 장애인 단원들이 실수하고 잘못해도 즐겁게 연주하도록 끝까지 쓰다듬고 보듬고 이끌어 준다. 그 모습을 보는 것만으로도 가슴 한편이 따뜻해진다.

통제가 안 되는 발달장애인들이 악기를 연주하기란 얼마나 어려운지 모른다. 악보도 볼 줄 모르고, 악기를 어떻게 다루는지도 전혀 모르기에 더 어렵다. 그런데 그들이 어엿한 오케스트라 단원으로 성장했다. 그들의 성장을 지켜보는 게 손인경 단장의 가장 큰 낙이자 보람이다.

손인경 단장 외에도 사랑챔버를 만든 주역들이 또 있다. 단원들의 부모, 악기를 알려 주는 선생님, 자원봉사자들이다. 그 귀한 사람들의 사랑과 헌신이 사랑챔버라는 빛나는 보석을 키웠다. 손인경 단장은 사랑챔버를 이끌면서 가장 인상 깊었던 순간을 회상하며 이렇게 말했다.

"울면서 사랑챔버 아이들을 가르쳤던 첫 일 년, 그리고 첫 무대에 섰을 때가 가장 인상 깊었습니다. 그동안의 노력이 말할 수 없는 하늘의 기쁨으로 돌아왔거든요."

자존감으로 소통하라

Part 2

마음을 찌르는 말,
꿀송이 같은 선한 말

1장

자존감 비추는 거울
'의사소통'

의사소통(communication)은 다른 사람과 상호작용하는 도구이다. 정보를 주고받으며, 의미를 부여하고, 내외적으로 반응하는 모든 과정이 의사소통이다.[93] 인간은 의사소통 과정에서 신체, 감각 기관, 가치관, 말하는 능력, 두뇌 등을 총동원해서 나와 나, 나와 타인이 주고받는 모든 정보와 의미를 파악한다. 그만큼 의사소통 범위가 넓고 크다. 이를 바탕으로 의사소통을 재정의하면, '다른 사람과 상호작용하는 신체적 · 정신적 · 심리적 정보 전달 과정'이다.

언어학자들은 언어를 소리언어와 비소리언어로 구분한다. 사람들이 소리언어로 주로 소통하는 것 같지만, 잘 살펴보면 표정이나 몸짓 같은 비소리언어 의사소통도 상당히 많다. 따라서 인간의 모든 의사소통에는 의미가 있고, 언어적 의사소통과 비언어적 의사소통 모두 중요한 메시지를 담고 있음을 기억해야 한다.

사람은 태어나는 순간부터 죽을 때까지 의사소통한다. 갓 태어난 아이들도 '울음'이라는 의사소통을 통해서 생존하고, 성장한다. 자녀가 옹알이할 때 부모는 아이의 눈을 그윽하게 바라보면서 말이 안 되는 말로 대꾸하면서 행복한 미소를 짓는다. 이것은 탁월한 의사소통이다. 내 문제, 내 목표, 내 행복에 초점을 맞추고 있지 않기 때문이다. 오로지 그 아이를 사랑스럽게 바라보고, 눈을 정확하게 맞추며, 어떻게든 상호작용하려는 그 마음과 자세가 막힘없는 의사소통을 만든다.[94]

이렇듯 인간은 태어나는 순간부터 타인과 긴밀하게 상호작용하면서 생존과 성장에 꼭 필요한 그 무언가를 학습한다. 어떤 모습, 어떤 상황, 어떤 세계관을 가진 사람과 접촉하느냐에 따라 그의 신념과 가치관, 자존감과 의사소통 방식과 내용이 결정된다. 특히 가장 중요하고 가까운 사람과의 상호작용에서 학습한 의사소통은 자신은 물론이고, 다음 세대에게까지 영향을 준다.[95]

따라서 끊임없이 막힘없는 상호작용과 의사소통을 위해서 노력해야 한다. 인간관계를 가로막는 담을 허물고, 서로를 이해하고, 수용하고, 따뜻하게 품는 의사소통 기술을 배우고 실천해야 한다.

자존감과 의사소통의 관계와 중요성

도시에서만 산 사람이 시골에서 살다가 도시에 온 사람에게 말했다.

"시골에는 커피숍도 없다고요? 답답해서 어떻게 살아요?"

시골에서 살다가 도시에 온 사람이 그 말에 적잖이 당황했다. 그리고 시골에 사는 아버지께 이 이야기를 했다. 그랬더니 그 아버지가 이렇게 말씀하셨다.

"시골에 왜 커피숍이 없어! 다방이 몇 개인데⋯."

그 순간 시골에서 살다가 도시에 온 사람이 무릎을 쳤다. 그 아버지의 위트 덕분에 전혀 주눅 들 필요가 없고, 생각하기 나름이라는 놀라운 깨달음을 얻었기 때문이다. 아마 도시에서만 산 그 사람은 죽었다 깨어나도 알지 못할 깨달음일 것이다. 같은 상황을 놓고 해석이 이렇게 다르다. 한 사람은 위로와 깨달음을, 또 한 사람은 불평을 가져갔다. 두 사람의 자존감 수준도 달라졌을 것이다.

• 의사소통은 자존감의 통로다

자존감과 의사소통은 긴밀한 관계가 있다. 자존감이 겉으로 표현되는 통로가 '의사소통'이기 때문이다. 자존감 수준이 낮으면 의사소통 내용과 방법 그리고 패턴이 건강하지 못하게 나타나고, 자존감 수준이 높으면 건강하고 적절한 의사소통을 할 수 있다.

또 자존감과 의사소통은 인간의 내면과도 관련 있다. 스스로 사랑하고 가치 있다고 여기면 다른 사람도 사랑하고 가치 있다고 여기지만, 자신을 사랑하지 않고 가치 없다고 여기면 다른 사람도 사랑하지 않고 가치 없다고 여길 가능성이 매우 크다.[96] 이처럼 자존감과 의사소통은 긴밀한 관계가 있다.[97 98 99 100 101]

심리학자 버지니아 사티어는 자존감과 의사소통의 관계에 대해 다음과 같이 말했다.

> "인간관계에서 발생하는 문제 대부분 낮은 자존감이 그 이유이다. 낮은 자존감을 높이고, 건강한 의사소통을 하도록 돕는 게 그만큼 중요하다."[102]

이는 낮은 자존감이 건강하지 않은 의사소통을 낳고, 건강하지 않은 의사소통은 부정적인 자아상, 왜곡된 인지와 행동, 불편한 대인관계를 만들기 때문이다. 반대로 높은 자존감은 적절하고 건강한 의사소통을 낳고, 적절하고 건강한 의사소통은 긍정적인 자이상, 합리적인 인지와 행동, 원만한 대인관계로 이어진다. 자존감 수준을 높이고, 건강하고 적절한 의사소통을 구사하는 연습과 훈련이 꼭 필요한 이유도 바로 그 때문이다.

• 자존감 수준이 의사소통 내용과 방식을 결정한다

인간관계에서 의사소통만큼 중요한 것도 없다. 인간은 언어적 · 비언어적 메시지로 감정과 생각, 정서 등을 공유하며 타인과 관계 맺고 사는 존재이기 때문이다. 문제는 그 의사소통이 그리 쉬운 게 아니라는 점이다. 인간관계에서 발생하는 문제 대부분 의사소통 과정에서 발생하는 것도 그 때문이다. 그만큼 의사소통 방식과 기술이 필요하고, 중요하다.[103]

앞서 말했듯, 의사소통 방식과 기술은 현재 나의 자존감 수준에 따라 그 면모가 달라진다. 인간은 누구나 희로애락을 경험하는데, 즐겁고 행복할 때는 아무런 문제가 없다. 하지만 괴롭고 고통스러울 때 자존감이 낮아지면서 문제가 생긴다.

자존감이 몹시 낮았던 때를 떠올려 보자. 그때 나는 타인의 자극에 어떻게 반응했는가? 아무 일도 아닌데 툭 건드리기만 해도 화를 내지 않았는지, 내 입술에서 터져 나온 말이 어땠는지 생각해 보자. 누군가를 이해하고, 수용하고, 사랑하는 메시지는 결코 아니었을 것이다. 굉장히 예민하고, 불쾌했으며, 지나칠 정도로 화를 냈을 것이다.

그 이유가 무엇일까? 바로 자존감이 낮아졌기 때문이다. 낮아진 자존감이 나의 언어적·비언어적 의사소통 내용을 부정적으로 만든 것이다. 이처럼 자존감이 낮아지면 여러 가지 문제가 생길 수 있다. 우울감을 경험한다든지, 자기 자신을 미워한다든지, 타인을 수용하거나 이해하지 못하고 참을 수 없는 분노를 표출하기도 한다.

이렇듯 지금 나의 자존감 수준이 나와 나, 나와 타인과의 의사소통 내용과 방식을 결정한다. 현재 나의 자존감 수준이 의사소통이라는 창문을 통해서 내 감정과 정서를 고스란히 보여 주기 때문이다. 따라서 낮아진 자존감을 높이고, 건강한 의사소통 태도와 방법, 그 기술을 배워야 한다.

물론 자존감이 높아지면서 의사소통 내용이 긍정적으로 바뀌고, 생각과 감정을 건강하게 표현할 수 있다고 해서 그동안 나를 괴롭히고 힘들게 했던 상처와 고통, 실패와 좌절에서 완전히 벗어날 수 있는 건 아니다. 상황은 아무것도 달라진 게 없다. 하지만 그 상황을 있는 그대로 수용하고 이해하는 폭이 넓어진다. 상처와 좌절, 고통과 실패를 원동력 삼아 치유와 회복을 경험할 수도 있다.

낮은 자존감을 높이고, 적절하고 건강한 의사소통하는 방법은 매우 간단하다. 아무리 힘들고, 괴롭고, 고통스러워도 자존감이 낮을 이유가 하나도 없다고 여기면 된다. 아무리 그래도 '나는 사랑받을 수밖에 없는 존재'이고, '반드시 좋아하고 잘할 수 있는 일이 있다'고 믿기만 하면 된다. 이 명제를 잊지 않는다면 얼마든지 건강한 의사소통을 할 수 있다.

의사소통의 다섯 가지 유형과 방식

그 사람만이 가진 의사소통 유형과 방식이 있다. 그것은 자존 감과 기질, 환경과 학습, 성격 등 무수히 많은 요인에 의해 만들 어진다. 버지니아 사티어는 의사소통 유형을 다섯 가지로 구분했 다.[104] 비난형, 회유형, 산만형, 초이성형, 일치형이 그것이다.

• 비난형
자신과 상황만 생각하는 의사소통 유형이다. 타인의 생각과 감 정, 상황을 무시하고 비난하는 특징을 보인다. 타인에게 강한 사 람으로 인식되려고 이와 같은 의사소통 방식을 선택하는 것이다. 비난형 의사소통 유형을 가진 사람들은 "항상", "결코" 등의 말을 자주 사용한다. 건강하고 적절한 의사소통 유형이라고 보기 어렵 다. 대인관계에서도 크고 작은 문제가 빈번하게 발생할 가능성이 크다.

• 회유형

자기 자신의 감정이나 가치를 무시하는 의사소통 유형이다. 타인의 의견과 상황만 생각하며 자기 자신의 감정은 숨기는 의사소통 유형이다. 회유형 의사소통 유형을 가진 사람들은 "당신이 옳다", "미안하다" 등의 표현을 자주 사용한다. 자신의 감정은 숨기고, 타인만 생각하는 의사소통은 결국 파국으로 치달을 수밖에 없다. 자기 자신이 상처를 가장 많이 받는 유형이다.

• 산만형

익살스럽고, 상황에 맞지 않은 의사소통 방식이 특징이다. 의사소통 내용에 일관성이 없고, 자기 자신에 대한 질문을 받으면 정확한 답을 피하는 경향이 있다. 솔직하지 못하고, 주제와 상관없는 이야기를 하거나 딴전을 피우는 경우도 많다. 대체로 긍정적인 의사소통이 불가능한 유형이다. 자기 자신을 있는 그대로 보지 못하고, 회피하려는 사람들이 산만형 의사소통 유형을 보이는 경우가 많다.

• 초이성형

타인의 생각과 감정은 과소평가하고, 상황만 중시하는 유형이다. 성격적으로 매우 정확하고, 이성적, 논리적이며, 철두철미한 특징이 있다. 타인의 감정과 생각을 무시하는 경향이 강해서 건강한 인간관계를 맺는 데 어려움을 겪는다. 초이성형 의사소통 유형을 가진 사람들은 "두고 봐", "내 말이 맞지?" 등의 표현을 자주 사용하는 경향이 있다.

• 일치형

자기 생각과 감정이 언어적 · 비언어적 의사소통 내용과 일치하는 건강한 유형이다. 진솔하고, 정확하고, 적절한 의사소통을 하는 유형이다. 심리적으로 매우 안정적인 상태에 있다. 높은 가치관과 자존감을 소유하고 있다.

건강한 의사소통 VS 건강하지 않은 의사소통

건강한 의사소통은 자기 생각과 정서, 감정과 언어적 · 비언어적 의사소통(메시지)의 내용이 일치한다. 반대로 건강하지 않은 의사소통은 자기 생각과 정서, 감정이 의사소통(메시지) 내용과 일치하지 않는다. 낮은 자존감을 가진 사람들이 주로 선택하는 의사소통 방식이다.[105]

건강하지 않은 의사소통은 자존감이 낮아졌을 때 주로 나타난다. 자존감이 낮은 사람은 자신의 가치를 의심하고, 타인의 행동과 반응을 지나치게 의식하며, 타인과 사회의 평가를 바탕으로 자신을 정의한다. 따라서 자존감이 낮은 사람들은 자기 생각과 정서, 감정 등을 무시하고, 진짜 자신의 모습이 아닌 거짓된 모습으로 산다. 대인관계에서 불안하고, 위축되고, 수동적인 모습을 보이며, 생존을 위해서 건강하지 않은 의사소통 방식을 선택하는 경우가 많다.

건강하지 않은 의사소통은 중요한 타인과의 관계(경험)에서 학습된다. 가장 중요한 학습은 어린 시절 주양육자와의 관계에서 주로 이뤄진다. 어린 시절 부모를 포함한 중요한 인물들에게 학습된 높은 자존감 혹은 낮은 자존감이 평생을 따라다니며 영향을 끼친다. 가정이 가장 중요한 의사소통 학습의 장(場)인 셈이다.

따라서 누구든지 어떤 환경에 있든지 어린 시절부터 높은 자존감이 갖도록 사랑과 배려, 이해와 수용 등을 아낌없이 제공해야 한다. 그 과정에서 자기 생각과 정서, 감정이 언어적 · 비언어적 의사소통과 일치하는 적절하고 건강한 의사소통을 배울 것이다.[106]

의사소통 망가뜨리는 '거칠고, 폭력적인 말'

연인들의 대화에는 꽃향기가 난다. 그래서 그런지 그들은 쉴 새 없이 대화한다. 날이 밝는지도 모르고 말이다. 그 아름답고 달콤한 시간에 오랫동안 감춰 왔던 내밀한 비밀을 털어놓기도 한다. 연인들이 나누는 대화에는 몇 가지 특징이 있다.

– 집중해서 서로의 이야기를 듣는다.
– 따뜻하게 반응한다.
– 공감한다.

그 탁월하고 건강한 의사소통 덕분에 속 깊은 이야기, 누구에게
도 말하지 못했던 내 이야기를 털어놓을 수 있다. 사랑하는 연인과
의 대화에서 자기 자신을 발견하기도 하고, 자기 자신에서 상대
방의 모습을 발견하는 아주 특별한 경험도 한다.

그런데 그 아름답고 달콤한 대화가 어느 순간 식는다. 서로에게
표현하는 말도 조금씩 투박해지고 거칠어진다. 그때부터는 비난
의 언어를 사용하기도 하고, 더는 상대방의 이야기를 경청하면서
이해하고 수용하는 말을 하지 않으며, 상대방의 잘못을 집요하게
꼬집거나 책망하고 비난한다. 불편한 감정마저 여과 없이 쏟아 놓
는다. 이것을 '거칠고 폭력적인 말'이라고 하는데, 건강한 의사소
통과 두 사람의 관계를 깨뜨린다.

그렇다면 거칠고 폭력적인 말에는 구체적으로 어떠한 것들이
있을까?

• 비난

비난은 거친 말이자 폭력적인 말이다. 가족 관계, 연인 관계, 부부 관계, 친구 관계 등을 원만하게 유지하기 위해서는 비난의 언어를 반드시 줄여야 한다. "나는 너처럼 생각하고 말하는 사람이 이해가 안 돼.", "그런 식으로 행동하니까 매번 실패하는 거야." 등으로 표현되는 비난은 대인관계뿐만 아니라 그 아픈 말을 듣는 사람의 자존감마저 무너뜨린다.

• 비아냥거림

비아냥거림도 의사소통을 망치는 거친 말이다. 생각해 보면 누군가에게 비아냥거리는 말을 들었을 때보다 기분 나쁘고, 상처가 깊게 나는 경우가 별로 없었던 것 같다. "얼씨구! 잘한다, 잘해!", "저러니까 그렇게 사는 거야." 등으로 표현되는 비아냥거림은 교묘하게 상대방을 깎아내린다. 비아냥거림에는 상대에 대한 불만족과 조롱이 가득 담겨 있다. 비난이 직접적으로 상대를 공격하는 말이라면, 비아냥은 의도가 숨겨진 공격이라고 할 수 있다.

• 말 끊기

상대의 말을 갑자기 끊거나 자신의 이야기만 일방적으로 쏟아붓는 것도 거칠고 폭력적인 말이다. 상대방의 말을 끝까지 듣지 않고 중간에 끊어 버리는 것은 상대방에 대한 모욕으로 느껴져 그 행위 자체가 대인관계를 망가뜨린다.

• 욕설

괴롭히는 말, 욕설 등도 거칠고 폭력적인 말이다. 상대가 유독 싫어하는 말로 지속적으로 공격하는 사람들이 있는데, 그 자체가 폭력이다. 싫어하는 별명으로 계속 부르는 것도 마찬가지다. 상대방이 싫다고 하면 거기서 멈춰야 한다. 저주가 담긴 욕설을 내뱉는 행위는 설명할 것도 없다. 어떤 상황에서도 욕설과 거친 말은 해서는 안 된다.

서로를 존중하고 사랑하며 예의 있게 하는 말이 친밀감을 불러온다. 거칠고 폭력적이고, 상대를 깎아내리면서 공격하는 말은 건강한 의사소통을 망치고, 결국에는 대인관계에 상처와 균열을 낸다.[107 108]

의사소통의 정석, 경청과 사랑의 언어

높은 자존감과 건강한 의사소통은 결국 잘 듣고(경청), 그 사람이 원하는 사랑의 언어를 속삭여 줄 때 만들어진다. 내 이야기를 잘 들어 주는 사람만큼 호감이 생기는 경우가 없고, 내가 가장 듣고 싶은 사랑의 언어를 속삭여 주는 것만큼 고맙고 감동을 주는 일이 없기 때문이다. 경청과 사랑의 언어를 속삭이는 과정에서 깊은 신뢰를 쌓게 된다.

• 건강한 의사소통의 출발, 경청

우리에게는 의사소통의 정석 '사랑의 언어'가 필요하다. 그 출발은 경청(傾聽)이다. 많이들 경청을 '잘 듣는 것'이라고 생각하는데, 그게 다가 아니다. 경청의 사전적 정의는 "듣기만 하는 게 아니라 상대방이 전달하고자 하는 말의 내용과 그 내면에 있는 동기나 정서를 귀 기울여 듣고 이해된 바를 상대방에게 피드백하는 것"이다.

남의 이야기를 귀 기울여 듣는 것은 50점짜리 경청이다. 남의 이야기를 귀 기울여 잘 듣고, 그 말에 담긴 내용과 감정 등을 말하는 상대방에게 돌려주는 것이 100점짜리 경청이다.

"네가 요즘 그 일로 몹시 곤란하고 마음이 힘들다는 거구나!"

경청의 힘은 대단하다. 무엇보다 '저 사람이 내 이야기를 잘 듣고 있구나.'를 느끼게 해 준다. 내 이야기에 관심을 가지고, 잘 들어 주고, 공감하는 사람에게는 누구든 마음을 활짝 열게 된다. 상대방이 나를 존중하고 있다는 느낌을 주기 때문이다. 원만한 대인관계를 유지하는 사람들의 공통점에 경청이 빠지지 않는 이유가 바로 여기에 있다.

그런데 상대방의 이야기를 경청하는 일이 생각만큼 쉽지 않다. 그 사람에게 관심이 없으면 경청은 사실상 불가능하다. 관심과 흥미 없는 주제의 이야기도 마찬가지다. 대인관계를 지속할수록 경청은 더 힘들어진다. 상대방의 대화 흐름을 어느 정도 파악했기 때문이다. 상대방의 대화 흐름이 대략 파악되는 순간부터는 그 사람의 이야기를 끝까지 경청하려 하지 않게 된다. 다 듣지 않아도 결론을 추론할 수 있기 때문이다.

"저 사람 저 이야기를 또 하네."
"재미도 없고, 관심도 없고, 의미도 없는 이야기 맨날 들어서 뭐하나."

이러한 생각이 지배하면서 경청을 더 어렵게 만든다.

대화하는 사람과의 관계도 경청에 영향을 준다. 아침에 부부 싸움을 한 부부가 배우자의 이야기를 경청할 수 있을까? 지나가는 그 순간의 감정이라도 밉고 싫은 사람의 말은 다 들을 필요도 없다고 여기지 않을까? 그래서 자기도 모르게 미운 사람이 무슨 말만 하면 중간에 거리낌 없이 끊어 버린다. 그러고는 자신의 말만 쏟아 놓는다.

그러나 아무리 힘들고 어려워도 상대방의 이야기를 경청해야 한다. 경청이 망가진 의사소통과 대인관계를 되살리기 때문이다.

모든 감정과 판단, 선입견을 내려놓고 경청하는 자세가 우리의 의사소통과 대인관계를 풍성하게 만든다.

• 내가 원하는 사랑의 언어를 찾아라!

"당신이 생각하는 사랑의 언어는 무엇입니까?"

이 질문에 다양한 대답이 있을 것이다. 누군가는 인정하는 말을, 또 누군가는 수용하고 이해하는 말을, 또 누군가는 내 존재를 있는 그대로 인정해 주는 말을 꼽을 것이다. 사랑의 언어는 '내가 아니라 사랑하는 그 사람의 필요를 채워 주는 말'이다. 내가 아니라 그 사람의 필요를 채워 주는 것이 곧 사랑이기 때문이다.[109]

사랑에도 그 수준의 높고, 낮음이 존재한다. 관계가 좋을 때도 있고, 나쁠 때도 있다. 그 사랑 때문에 절망감을 느낄 때도 분명 있다. 그럼에도 다시 한번 사랑하고, 사랑받고 싶은 게 인간의 욕구이자 소망이다. 바로 이 욕구와 소망을 충족시키는 말이 '사랑의 언어'이다.[110] 의사소통의 정석이라고 할 수 있다.

사랑의 모양은 이 세상에 존재하는 사람의 수만큼 다양할 것이다. 그래서 사랑을 단순하게 정의하는 것만큼 어리석고 순진한 생각이 없다. 누구나 자신이 원하는 모양의 사랑을 끊임없이 갈망하기 때문이다. 사랑의 모양이 다양한 것처럼, 사랑의 언어도 다양하다. 사랑을 경험하고, 갈망하는 모습이 모두 다르기 때문이다.

세계적인 상담가 개리 채프먼은 "사람마다 사랑을 경험하는 방식이 다르다."고 주장했다. 그는 저서 《다섯 가지 사랑의 언어》에서 사람이 사랑을 경험하는 방식 다섯 가지를 다음과 같이 설명했다.

- 인정하는 말(Talk)
- 함께하는 시간(Time)
- 선물(Present)
- 봉사(Service)
- 스킨십(Touch)[111]

그의 주장처럼, 누군가는 사랑하는 사람에게 인정받는 말을 들었을 때, 누군가는 소중한 사람과 함께하는 시간을 보낼 때 사랑을 경험한다. 또 다른 누군가는 사랑하는 사람에게 선물을 받거나 함께 의미 있는 활동을 할 때 사랑을 느끼는가 하면, 사랑하는 사람과 스킨십할 때 사랑을 느끼는 사람도 있다.

따라서 우리가 누군가를 사랑한다면 그 사람이 가진 사랑의 언어를 알아차리고, 익혀야 한다. 그리고 반드시 표현해야 한다. 그래야 그 사람이 가장 좋아하는 방식의 사랑을 선물할 수 있기 때문이다. 만약 상대방의 사랑의 언어를 모르거나 표현하지 않으면 그 관계에서 곤란을 겪을 수밖에 없다. 더 아름다운 관계로 이어지지 못할 가능성이 커진다.

건강하지 않은 사랑의 언어는 상대방이 느끼고 원하는 방식이 아니라 나를 위하고, 내가 얻고자 하는 언어를 끊임없이 강요하고, 갈구하기 때문이다. 서로 사랑하는 사이임에도 불구하고 끊임없이 갈등하고 다투는 이유가 바로 여기에 있다.

• 누구나 듣고 싶은 '사랑의 언어'

아름다운 대인관계는 내가 원하는 대로 강요한다고 만들어지지 않는다. 사랑도, 연애도, 자녀 양육도 마찬가지다. 그 사람의 이야기를 잘 들으면서 사랑의 언어를 파악하고, 그 사랑의 언어를 토대로 의사소통하다 보면 어느새 공감과 신뢰가 생긴다. 이 아름다운 씨앗들이 모여 싹을 내고 '건강한 대인관계'라는 풍성한 열매를 맺는다.[112]

그럼에도 공통적으로 누구나 듣고 싶어 하는 사랑의 언어가 있다. 상대방이 인정과 수용, 이해와 격려, 위로 중에서 지금 듣고 싶어 하는 사랑의 언어를 경청을 통해 파악해 보고 다음의 언어를 참고해서 들려주는 건 어떨까?

[인정하는 말]

"열심히 준비하더니 정말 해냈구나!"
"네 생각은 그렇다는 거지? 참 멋진걸?"

[수용하는 말]

"괜찮아! 그럴 수도 있어!"
"나는 너를 믿어! 왜냐면 나는 네가 참 좋거든!"

[이해하는 말]

"요즘 표정이 어둡더니 마음이 힘들었구나?"
"누구나 실수하고, 잘못하고, 실패할 수 있어!"

[격려하고 응원하는 말]

"아무리 그래도 나는 끝까지 네 편이야!"
"해 보자! 네 힘을 한번 보여 줘!"

[위로하는 말]

"내가 네 손 절대 놓지 않을 거야!"
"정말 힘들 때, 내가 네 곁에 있다는 걸 잊지 마!"

누군가에게 내가 원하고, 내가 생각하는 가치관을 강요하거나 주입해서는 안 된다. 서로 사랑하고, 인정하고, 수용하고, 차이를 이해하는 게 필요하다. 그 과정에서 높은 자존감과 건강한 의사소통을 얻을 수 있다. 타인의 마음을 얻는 열쇠는 경청 그리고 사랑의 언어임을 잊지 말아야 한다.

사티어의
의사소통 유형 검사

버지니아 사티어는 "대인관계에서 개인의 신념과 대처 방법에 따라 의사소통 유형이 달라진다."[113]고 주장했다. 그러면서 다섯 가지 의사소통 유형을 제시했다. 회유형, 비난형, 산만형, 신중형, 일치형이 그것이다. 회유형, 비난형, 산만형, 신중형은 건강하지 않은 의사소통 유형이고, 일치형은 건강한 의사소통 유형이다. 일치형 의사소통 유형은 자기 생각과 감정이 표현되는 언어적 · 비언어적 의사소통 내용과 일치하는 특징이 있다.

● 의사소통 유형 검사[114]

현재 내가 사용하는 의사소통 유형을 확인하는 활동이다. 총 40 개 검사 문항을 잘 읽고 솔직하게 그 내용에 동의하면 O, 동의하지 않으면 X표를 해 보자.

번호	문항	O/X
1	나는 상대방이 불편하게 보이면 비위를 맞추려고 한다.	
2	나는 일이 잘못되었을 때 자주 상대방의 탓으로 돌린다.	
3	나는 무슨 일이든지 조목조목 따지는 편이다.	
4	나는 생각이 자주 바뀌고 동시에 여러 가지 행동을 하는 편이다.	
5	나는 타인의 평가에 구애받지 않고 내 의견을 말한다.	
6	나는 관계나 일이 잘못되었을 때 자주 내 탓으로 돌린다.	
7	나는 다른 사람들의 의견을 무시하고 내 의견을 주장하는 편이다.	
8	나는 이성적이고 차분하며 냉정하게 생각한다.	
9	나는 다른 사람들로부터 정신이 없거나 산만하다는 소리를 듣는다.	
10	나는 부정적인 감정도 솔직하게 표현한다.	
11	나는 지나치게 남을 의식해서 내 생각이나 감정을 표현하는 것을 두려워한다.	
12	나는 내 의견이 받아들여지지 않으면 화가 나서 언성을 높인다.	
13	나는 내 견해를 분명하게 표현하기 위해 객관적인 자료를 자주 인용한다.	
14	나는 상황에 적절하지 못한 말이나 행동을 자주 하고 딴전을 피우는 편이다.	
15	나는 다른 사람이 내게 부탁할 때 내가 원하지 않으면 거절한다.	

16	나는 사람들의 얼굴 표정, 감정, 말투에 신경을 많이 쓴다.	
17	나는 타인의 결점이나 잘못을 잘 찾아내어 비판한다.	
18	나는 실수하지 않으려고 애를 쓰는 편이다.	
19	나는 곤란하거나 난처할 때는 농담이나 유머로 그 상황을 바꾸려 하는 편이다.	
20	나는 나 자신에 대해 편안하게 느낀다.	
21	나는 타인을 배려하고 잘 돌보아 주는 편이다.	
22	나는 명령적이고 지시적인 말투로 상대가 공격받았다는 느낌을 줄 때가 있다.	
23	나는 불편한 상황을 그대로 넘기지 못하고 시시비비를 따지는 편이다.	
24	나는 불편한 상황에서는 안절부절못하거나 가만히 있지를 못한다.	
25	나는 모험하는 것을 두려워하지 않는다.	
26	나는 다른 사람들이 나를 싫어할까 두려워서 위축되거나 불안을 느낄 때가 많다.	
27	나는 사소한 일에도 잘 흥분하거나 화를 낸다.	
28	나는 현명하고 침착하지만 냉정하다는 말을 자주 듣는다.	
29	나는 한 주제에 집중하기보다는 화제를 자주 바꾼다.	
30	나는 다양한 경험에 개방적이다.	
31	나는 타인의 요청을 거절하지 못하는 편이다.	

32	나는 자주 근육이 긴장되고 목이 뻣뻣하며 혈압이 오르는 것을 느끼곤 한다.	
33	나는 나의 감정을 표현하는 것이 힘들고, 혼자인 느낌이 들 때가 많다.	
34	나는 분위기가 침체되거나 지루해지면 분위기를 바꾸려 한다.	
35	나는 나만의 독특한 개성을 존중한다.	
36	나는 내 자신이 가치가 없는 것 같아 우울하게 느껴질 때가 많다.	
37	나는 타인으로부터 비판적이거나 융통성이 없다는 말을 듣기도 한다.	
38	나는 목소리가 단조롭고 무표정하며 경직된 자세를 취하는 편이다.	
39	나는 불안하면 호흡이 고르지 못하고 머리가 어지러운 경험을 하기도 한다.	
40	나는 누가 내 의견에 반대하여도 감정이 상하지 않는다.	

● 채점 및 결과 분석

O를 표시한 문항의 번호를 확인하고, 그 개수를 센다. 각 의사소통 유형에 해당하는 '나의 문항 개수'를 적으면 현재 본인의 의사소통 유형을 알 수 있다.

의사소통 유형	번호	나의 문항 개수
회유형	1, 6, 11, 16, 21, 26, 31, 36	
비난형	2, 7, 12, 17, 22, 27, 32, 37	
초이성형	3, 8, 13, 18, 23, 28, 33, 38	
산만형	4, 9, 14, 19, 24, 29, 34, 39	
일치형	5, 10, 15, 20, 25, 30, 35, 40	

헝그리 복서에서 성악가로, 동양의 파바로티 테너 조용갑

"삶이 저주스러웠다. 그러나…."

동양의 파바로티로 불리는 테너 조용갑의 고백이다. 과연 그는 어떤 삶을 살았던 것일까?

조용갑은 가거도 출신이다. 목포에서 배를 타고 네 시간이나 더 들어가야 만날 수 있는 섬 중의 섬이 가거도다. 그곳에서 태어나고 자란 조용갑은 어린 시절부터 눈물 마를 날이 없었다. 지독한 가난과 아버지의 폭력, 업어 키운 다섯 살 막냇동생의 갑작스러운 죽음까지 고난의 연속이었다. 오죽했으면 12살 소년이 극단적인 선택을 생각했을까?

어렸을 때부터 아버지는 그에게 노래를 시켰다. 그만큼 어려서부터 음악을 좋아하고, 노래를 잘했다. 그런데 아버지 앞에서는 도저히 노래가 나오지 않았다. 주먹을 휘두르고, 보기만 해도 무서워서 피해 다닌 아버지 앞에서는 노래하고 싶지도, 할 수도 없었다. 그래도 음악에 대한 열정만큼은, 그 사랑만큼은 감출 수 없었다.

그의 아버지는 기분이 좋다가도 갑자기 밥상을 뒤엎었다. 막 때리기까지 해서 집을 뛰쳐나와야 살 수 있었다. 가거도에서 중학교만 졸업하고 타지로 떠날 수밖에 없었다. 타지에서 먹고살기 위해 복서의 길에 들어섰다. 오직 돈을 벌기 위해 링에 올랐고, 군고구마 장사도 했다. 맞아서 몸 망가지는 것을 염려하는 것도 사치였다. 헝그리 복서의 삶도 고달프고 괴롭긴 마찬가지였다.

그러던 어느 날, 그는 교회를 찾았다. 그곳에서 잊고 있던 음악에 대한 사랑을 되찾았다. 하루 몇 시간 이상은 기본이고, 어떤 날은 밤새 노래하기도 했다. 그를 지켜본 목사가 제안했다.

"너는 무대에 올라야 한다. 그렇게 좋아하는 노래를 배우게 해줄 테니 유학을 가라!"

그는 교회 목사와 성도들의 도움으로 이탈리아 유학길에 올랐다. 국제 콩쿠르에서 입상하면서 실력도 인정받았다. '동양의 파바로티'로 불리며 명성도 얻었다. 그리고 조용갑이 가거도를 다시 찾았다. 극단적 선택을 생각했던 바닷가를 거닐고, 그토록 미워했고 아파했던 아버지 산소 앞에 섰다. 그리고 국제 무대에서 입상할 때 입었던 연미복을 차려입고 난생처음 어머니와 아버지 앞에서 노래를 불렀다.

2장

맛있는
의사소통 레시피

　의사소통에도 레시피가 있다. 맛있는 의사소통 레시피가 있고, 정말 맛없는 의사소통 레시피가 있다. 언어적 · 비언어적 메시지라는 재료로 만든 음식이 바로 의사소통이다. 의사소통이라는 음식 맛은 메시지의 일치성과 불일치성이 결정한다. 맛있는 의사소통 레시피는 상대방과 원활한 소통과 친밀한 대인관계를 가져다주지만, 맛없는 의사소통 레시피는 원활하지 않은 의사소통과 원만하지 않은 대인관계를 만들기 때문이다.[115]

　어떤 사람하고는 눈빛만 봐도 서로의 생각과 감정을 읽을 수 있는데, 어떤 사람과는 사사건건 부딪치고 불편하고 갈등한다. 그이유는 다양하다. 서로의 생각과 해석, 가치관과 세계관 등의 다름에서 오는 차이부터 의사소통 수준과 패턴, 방식의 영향도 부인

할 수 없다. 다만 그 의사소통이 불러오는 결과는 엄청난 차이가 있다.

건강한 의사소통을 하면 대인관계가 희망적이고 긍정적이며 원만하지만, 그 반대의 경우에는 갈등과 분열, 오해와 단절을 자주 경험한다. 따라서 대인관계에서 의사소통의 중요성을 강조하지 않을 수 없다.[116]

완전하고 완벽한 의사소통은 없다

누구나 의사소통을 잘하고 싶어 한다. 시중에 의사소통 관련 책들이 무수히 많은 이유도 그 때문일 것이다. 사람들이 그토록 소망하는 의사소통은 어떤 모습이고, 과연 무슨 맛을 낼까? 아마도 자기 생각과 감정을 명확하고 분명하게 표현하면서도 상대방에게 상처를 주지 않는 의사소통일 것이다.

그런데 그 방법이 쉽지 않다. 아니, 매우 어렵다. 내 생각과 감정을 분명하게 표현하면 상대방이 쉽게 상처받고, 반대로 상대방이 상처받을까 봐 내 생각과 감정을 조절하면 마음에 답답함이 남는다. 해소되지 않는 그 답답함이 내 마음을 얼마나 괴롭히는지 모른다.

의사소통을 잘하는 방법을 배우기 전에 반드시 기억해야 할 명제가 있다. '완전하고 완벽한 의사소통은 없다'는 것이다.[117] 내 뜻 대로 의사소통이 안 될 때 우리는 정말 답답함을 느낀다. 그 답답한 의사소통이 반복되면 '두려움'과 '무력감'마저 올라온다. 누구와도 편안하고 유익한 의사소통을 하고 싶고, 내 생각과 감정을 상대방에게 상처를 주지 않으면서 전달하고 싶은데 번번이 좌절하면서 크게 낙심하기 때문이다.

두려움은 '어떤 현상이나 경험을 예상했을 때 생기는 불안한 감정'을 말한다.[118] 의사소통 과정에서 두려움이 생기는 이유는 원활하고 원만한 의사소통을 더는 하지 못할지도 모른다고 예상하고, 의사소통 문제로 그 사람과의 관계에서 큰 어려움을 겪게 될지도 모른다는 걱정 때문이다. 무력감은 '스스로 그 힘이 없음을 알았을 때 드는 허탈하고 맥 빠진 듯한 느낌'을 말한다.[119]

"왜 나는 다른 사람처럼 말을 잘하지 못할까?"
"내 생각과 감정을 분명하게 표현하는 게 왜 그리 어려울까?"
"내가 무슨 말만 하면 사람들이 왜 오해를 할까?"

의사소통 과정에서 그 실패의 원인과 이유를 자기 탓으로 돌리기 때문에 무력감이 생기는 것이다. 그 무엇 하나 마음대로 되는 게 없다는 걸 깨닫는 순간, 두려움과 무력감이 올라온다. 특히 대인관계에서 의사소통의 한계를 많이 느낄수록 두려움과 무력감이

커지고, 깊어진다.[120]

그런데 한 가지 알아야 할 중요한 사항이 있다. 누구에게나 의사소통은 어려우며, 좌절하고 실패할 수도 있다는 점이다. 그 상황에 놓이면 누구라도 두려움과 무력감을 느낄 수 있다. 그렇지만 그렇다고 해서 좌절만 하고 있을 수는 없다. 맛있는 의사소통 레시피를 배워서 맛있는 의사소통이라는 음식을 내놓아야 한다. 누구나 할 수 있고, 당신은 특별히 더 잘할 수 있다.

맛있는 의사소통 레시피 준비물

인간은 좋든 싫든 의사소통하지 않으면 살 수 없는 존재이다. 따라서 맛있는 의사소통 레시피로 맛있는 음식을 만드는 시도를 포기하지만 않으면 된다. 이를 배우기 위해서는 적절하고 건강한 의사소통 방식과 기술 등에 관심을 보이고, 공부하고, 연습해야 한다.

시중에 나와 있는 수많은 의사소통 관련 책들을 보면 너 나 할 것 없이 '의사소통의 달인'을 만들어 준다고 홍보한다. 그런데 그 책들을 자세히 들여다보면 발견되는 공통적인 문제가 있다. 모두 완벽하고 완전한 의사소통을 전제로 한다는 점이다. 그리고 늘 최상의 의사소통을 유지할 것을 권한다는 점이다.

그런데 이 세상에는 완전하고 완벽한 의사소통이란 존재하지도, 구사할 수도 없다. 인간은 그 어떤 영역에서도 완벽하고 완전한 능력을 갖추지 못했을 뿐만 아니라 설사 그 능력을 갖췄다 하더라도 제대로 발휘하지 못하는 경우가 정말 많다. 당연히 의사소통도 마찬가지다.

또 의사소통 기술을 완벽하게 갖췄다 하더라도 대인관계의 성공을 보장하는 것도 아니다. 완전하고 완벽하지 않은 의사소통이 대인관계에서 어려움을 발생시키는 유일한 원인일 수도 없다. 따라서 의사소통에서의 불완전함을 받아들이고 인정해야 한다. 그리고 불완전함이 주는 메시지에 귀를 기울이는 게 현명하다.[121]

• 의사소통을 배우고 연습해야 한다

의사소통을 배우고 연습하겠다는 생각과 결정만으로도 훌륭하다. 원활하지 않은 의사소통으로 발생한 대인관계의 어려움, 그 원인과 이유를 자신에게 돌리면서 느끼는 두려움과 무력감에서 벗어나는 원동력을 제공하기 때문이다. 누구나 부족한 부분을 배우고 연습하면 얼마든지 성장하고 성숙할 수 있다. 의사소통도 똑같다.

• 누구나 잘못되고 미숙한 의사소통을 할 수 있다

우리는 살면서 수많은 인간관계를 맺어 왔고, 맺고 있으며, 앞으로도 맺어야 한다. 사실 대인관계를 포기하고 싶을 때가 얼마나 많았는지 모른다. 그 사람이 내 마음을 몰라줄 때, 그렇게 애를 썼는데도 그 소중한 사람이 나를 떠나갔을 때, 그토록 소중했던 대인관계가 흔들 때마다 차라리 벗어나고 싶었다. 그런데 그 힘든 순간에도 그 자리를 지켜 왔고, 견뎌 왔다. 그 자리를 포기하지 않고 견뎌 준 것만으로도 당신은 특별하다. 포기하고 싶은 그 순간, 비바람을 맞으면서도 그 자리를 지킨 당신에게 박수를 보낸다.

우리는 실수가 잦고, 절대 완전하지 않은 존재이다. 그 유한함 속에서 대인관계를 맺으며 살아갈 수밖에 없는 존재들이다. 그 불완전을 수용해야 한다. 자신의 부족함과 미숙함을 인정하고 성장하면 그만이다.

• 시간과 수용이 우리를 성장하게 한다

사람마다 속도와 시간이 다르다. 그 사람만의 속도와 시간이 존재한다는 의미다. 어떤 사람은 성격이 매우 급하고, 급진적인 변화를 추구한다. 또 어떤 사람은 성격이 매우 차분하고, 변화와 도전을 선호하지 않는다. 그 사람이 가진 시간과 속도에 따라 선택하고 행동하는 것이다.

따라서 그 사람의 시간과 속도를 알고, 기다려 줄 수 있어야 한다. 그것이 서로의 차이를 수용하는 것이다. 서로의 차이를 인정하는 것이 대인관계에서 의사소통을 잘하는 가장 본질적인 방법

일지도 모른다. 상대방의 시간과 속도를 수용하는 연습부터 해야 한다. 그 연습이 우리를 반드시 성장시킬 것이다. [122]

건강한 의사소통의 기본, 고맥락·저맥락 언어

"마밀라피나파타이(Mamihlapinatapai)"

칠레 남부 지역 '야간족'이 사용하는 말이다. 이 말의 의미를 간단하게 설명하기가 매우 어렵다. 구체적으로 설명해야 그 의미를 간신히 전달할 수 있다. '마일라피나파타이'를 한국말로 굳이 설명하자면 다음과 같다.

서로에게 꼭 필요한 일이지만 자신이 나서서 감당하기는 싫고, 상대방이 알아서 해 주기를 원하는 두 사람 사이에서 조용하면서도 긴급하게 오가는 미묘한 눈빛

• 고맥락 언어

야간족의 의사소통은 상대방의 필요에 민감할 수밖에 없을 것 같다. 잘 드러나지 않는 숨은 의도를 찾는 감각이 매우 필요할 것이기 때문이다. 야간족에게 자신의 욕구나 소망을 직접적으로 전

달하면 무례한 사람이 될지도 모른다. 필요한 게 있어도 상대방이 알아줄 때까지 기다리는 게 그들의 전통이자 관습이기 때문이다. 이처럼 직접적인 표현보다 간접적인 표현을 자주 사용하는 의사소통 방식을 '고맥락 언어'라고 한다.

고맥락 언어 문화권에서는 자신의 마음을 직접적으로 잘 표현하지 않는다. 그래서 수많은 비언어적 메시지와 간접적 메시지 전달 방식이 발달한다. 개인보다 집단을 중시하는 사회에서 고맥락 언어를 주로 사용한다.

고맥락 사회에서는 굳이 설명하지 않아도 되는 그 무언가를 수용하기 때문에 이를 불편하다고 느끼지 못한다. 고맥락 언어를 상대방의 마음을 알아주는 여유와 센스 정도로 여길 수도 있다. 따라서 고맥락 언어를 주로 사용하는 사회에서는 눈치가 빠를수록 유능하고 마음이 넓은 사람이라는 평판을 얻을 수 있다.

• 저맥락 언어

고맥락 언어의 정반대가 저맥락 언어다. 저맥락 언어를 주로 사용하는 문화에서는 사실적인 표현을 많이 사용한다. 집단보다 개인을 중요하게 여기는 경향도 있다. 따라서 저맥락 언어를 주로 사용하는 사회에서는 직접적으로 자신의 필요와 불편함을 참지 않고, 있는 그대로 표현하는 의사소통이 발달한다.

• 고맥락 언어 VS 저맥락 언어

고맥락 언어 혹은 저맥락 언어는 세대를 거치면서 습득한 문화이자 언어 스타일이다. 그래서 쉽게 바뀌지 않는다. 한국 사회에서는 고맥락 언어를 주로 사용할까, 아니면 저맥락 언어를 주로 사용할까? 고맥락 언어를 많이 사용하는 것 같지만, 개인마다 다를 것 같다. 어떤 이는 고맥락 언어를 주로 쓰고, 또 어떤 이는 저맥락 언어를 주로 사용할 것이다.

여기, 어느 아내의 하소연이 있다. 이 사례를 살펴보면서 도대체 어떤 문제가 있고, 어떻게 도울 수 있을지 생각해 보자.

> "우리 남편은 눈치가 정말 없어요. 내가 아무리 눈빛을 보내도 하나도 알아채지 못해요. 정말 하나도 모른다니까요! 내가 무엇을 필요로 하는지 하나도 몰라요. 이제는 완전히 포기 상태에요! 아무것도 알아채지 못하는 남편에게 '이것까지 말해야 하나?' 싶고, 아무것도 몰라주는 그 사람이 정말 원망스러워요."

아마 남편이 아내의 고맥락 언어를 알아차리지 못해서 답답함을 호소하는 모양이다. 그 답답함이 부부의 갈등을 증폭시킨 것이다. 그렇다고 아내의 고맥락 언어를 알아차리지 못하는 남편만의 잘못이자 문제라고 지적하는 것도 어려운 일이다. 서로의 대화 스타일을 이해하고, 부부의 대화 과정에서 서로에게 답답함을 주지 않는 의사소통 방법을 알려 주고 연습하도록 도울 필요가 있다.

이처럼, 고맥락 언어와 저맥락 언어를 단순히 '좋다' 혹은 '나쁘다'라고 평가해서는 안 된다. 서로의 전통과 문화가 달라서 표현 방식에 차이가 나는 것일 뿐이기 때문이다. 따라서 상대방의 표현 방식을 이해하려고 노력하면서 필요하다면 나의 표현 방식을 수정하고 서로 절충하고 수용하고 배려하는 과정이 반드시 필요하다.

사실 고맥락 언어는 상대방에게 어느 정도 관심을 기울이면 그리 어렵지 않게 읽어 낼 수 있다. 상대방의 고맥락 언어를 읽어 내면서 상대방의 필요를 알아차리고, 자신의 필요와 마음을 적절하게 표현하는 저맥락 언어를 건강하게 사용하는 것이 건강한 의사소통의 기본일 것이다.[123]

사람의 마음을 얻는 여섯 가지 의사소통 기술

"듣는 것이옵니다."
"참는 것이옵니다."
"품는 것이옵니다."

어느 드라마에 나온 대사다. 왕이 갖춰야 할 리더십을 청각과 의지, 감성을 동원해 운율에 맞춰 시청각적으로 표현했다. '3'은 완성의 수이기 때문에 우리의 눈과 귀, 뇌 속에 깊이 각인되는 효과가 있다. 세 번의 반복은 설득이 생명인 광고의 기본이기도 하다.

의사소통 능력은 곧 '자신을 표현하고, 상대를 설득하는 능력'이다. 의사소통 능력이 결여되면 대인관계에서 갈등을 빚을 수 있다. '소통의 미숙함'에서 대인관계의 문제가 시작되는 경우가 많다. 남녀, 노사, 세대, 계층, 지역 갈등도 소통의 미숙함과 한계점에서 비롯되는 경우가 많다.

그렇다면 의사소통을 잘하기 위해서는 어떠한 기술이 필요할까? 의사소통이란 곧 자신을 표현하는 것이므로 일단 자신의 감정을 잘 알고 다룰 줄 알아야 한다. 그리고 정직하고 성숙하고 온화하게 표현해야 한다. 이를 통해 상대방의 마음과 내 마음을 연결해 주는 의사소통을 해야 한다.

이를 위해 ▶분노 다루기 ▶감정 표현의 불능에서 벗어나기 ▶감정과 이성의 분리 ▶때와 상황에 맞는 대답과 반응 ▶'말의 덫'과 경직된 대화 패턴의 극복 ▶격려와 위로 등 여섯 가지 의사소통 기술을 소개하고자 한다.

• 분노 다루기

분노는 누구나 느끼는 자연스러운 감정 중 하나다. 분노를 애써 참을 필요도, 조우를 마다할 이유가 없다. 분노를 느끼는 것은 지극히 정상적인 반응임을 인정해야 한다. 대인관계, 의사소통 과정에서는 더욱 그러하다. 그럼에도 이렇게 말하는 사람이 주변에 얼마나 많은지 모른다.

"화가 나는데 화를 내지 못합니다. 무조건 참습니다."

그렇다면 사람들은 언제 분노할까? 잘 들여다보면 쉽게 알 수 있다. 분노는 '내 뜻대로 안 될 때' 생기는 감정이다. 그것이 분노의 본질이다. 그런데 많은 경우 분노의 원인을 외부에서 찾는다. "너 때문에 내가"라고 여기면서 분노의 원인을 외부와 상대방에게 돌리곤 한다.

분노를 다루기 위해서는 그 근본적인 원인을 찾는 게 중요하다. 분노를 '2차 감정'이라고 부른다. 분노는 표현된 양상이고, 숨어 있는 진짜 감정이 따로 있다는 의미다. 기대가 좌절되거나 불안할 때, 상처가 건드려졌을 때 분노가 일어난다. 따라서 분노 이면에 숨겨진 근원을 찾아 해결해야 한다. 분노를 있는 그대로 마주하고, 해결해야 할 감정으로 인식하면 충분히 다룰 수 있다. 더는 분노를 회피하지 않고, 해결되지 않은 감정으로 품고 있지 않아도 된다.

대인관계와 의사소통 과정에서 분노를 경험하는 경우가 많다. 누군가 무심코 던진 말 한마디가 서운함, 불쾌함, 섭섭함, 미움 등의 부정적 감정을 만들고, 그 감정이 분노로 표출된다. 특히 인정받지 못한다고 느낄 때 분노가 더 커지고 세진다.

분노가 생기는 것은 자연스러운 일이지만, 잘 다루지 못하면 심각한 문제가 발생할 수 있다. 따라서 분노를 조절하는 방법을 알아야 한다. 만약 분노가 조절되지 않는다면 대인관계의 파탄뿐만 아니라 법적·경제적 책임을 지는 상황이 생길 수도 있다.

그렇다면 분노를 조절하는 방법에는 어떠한 것들이 있을까? 보편적인 분노 조절 방법은 다음과 같다. 자신에게 가장 잘 맞는 분노 조절 방법을 찾아야 한다.

- 깊은 호흡: 숨을 천천히 들이쉬고 내쉬면, 긴장이 풀리고 마음이 차분해져 흥분된 몸과 마음을 진정시키는 데 도움이 된다.
- 타임아웃: 일시적으로 그 상황이나 활동에서 벗어나는 것을 말한다. 부적절한 상황과 행동에서 잠시 벗어나 자신의 감정과 행동 등을 돌아보고 다스리는 효과가 있다.
- 잠시 걷기: 신체 활동을 통해 분노를 건강하게 발산할 수 있다. 거리 풍경에 집중하며 발길 닿는 대로 걷다 보면 어느새 기분이 한결 나아지는 것을 느낄 수 있게 된다.
- 차 마시기: 화가 났을 때 카페인을 섭취하게 되면 수면을 방해해 오히려 더 예민해진다. 그보다는 향긋한 차를 마시면 이완되며 정서적인 안정이 찾아온다.
- 생각 전환하기: 스스로 생각의 관점과 방향을 바꾸려는 노력이다. 지금 나에게 떠오르는 생각이 잘못됐을 수 있고, 좋지 않은

결과를 가져올 수 있음을 인지하면서 부정적이거나 왜곡된 생각, 공격적인 생각을 정반대의 사고로 바꾸는 효과가 있다.

● 자동적 사고 파악하기: 특정한 상황이나 사건에 직면했을 때 무의식적으로 떠오르는 생각이다. 주로 과거의 경험과 학습 등에 의해 만들어지는데 우리의 감정과 행동을 큰 영향을 미친다. 따라서 내가 가진 자동적 사고가 무엇인지 안다면 감정을 다루는 데 매우 효과적이다.

우리 뇌는 분노를 그리 오래 유지하거나 간직하지 않는다. '분노에 관한 15초와 15분, 15번 법칙'을 기억했으면 좋겠다. 분노가 절정에 다다르는 순간은 15초에 불과하다. 우리 뇌는 15초가 지나면 분노 호르몬을 분해하기 시작한다. 15분이 지나면 분노가 거의 사라지고 평정심을 찾게 된다. 그리고 한 번의 분노를 경험할 때마다 이를 만회하기 위해서 15번의 '기분 좋음'이 필요하다. 그 기분 좋음이 분노에 대한 저항력을 키워 준다.[124]

• 감정 표현의 불능에서 벗어나기

수십 년을 함께 산 노부부에게 행복한 결혼 생활의 비결을 물었다. 그런데….

"지금도 저 사람의 속마음을 모르겠습니다. 그냥 입을 꾹 다물고 살았는데, 벌써 세월이 이렇게 흘렀습니다."

　노부부의 이야기를 듣고 깜짝 놀랐다. 행복한 결혼 생활의 비결이 전혀 예상하지 못한 것이어서 놀란 게 아니다. 그 오랜 세월 감정을 적절하고 건강하게 표현하지 못하면서 얼마나 답답했을까 싶어서 놀랐다. 이 노부부처럼 감정 표현의 어려움을 호소하는 이들이 많다. 자신의 감정을 적절한 언어로 표현하지 못하는 이러한 현상을 '감정 표현의 불능'이라고 한다.

　감정 표현이 불능인 상태에서는 다양한 감정을 분별하기 매우 어렵다. 분노, 당황, 외로움, 슬픔, 고독, 행복, 즐거움, 기대, 기쁨 등의 감정을 민감하게 인식하지 못한다. 감정을 표현하는 것 또한 어렵다. 의도적으로 자신의 감정을 표현하고, 상대방의 감정에 민감하게 반응하는 연습이 그래서 필요하다. 솔직하면서 건강한 감정 표현 방법은 다음과 같다.

　첫째, 감정의 중요성을 인식해야 한다. 인식이 바뀌어야 감정을 소중하게 다룰 수 있기 때문이다.

　둘째, 감정을 적절하고 건강하게 표현할 수 있어야 한다. 무엇을 경험하고, 느끼는지를 솔직하게 표현하는 게 중요하다. 이때 솔직하게 표현한다면서 '거짓말 없는 세상'을 만들어서는 안 된다. 정제되지 않은 표현은 상처와 대인관계 파탄을 가져오기 때문이다. 감정 변화에 민감하고, 감정을 적절하고 건강하게 표현하는 게 중요하다.

셋째, 감정을 충분히 수용해야 한다. 감정 표현이 서툰 이유가 있다. 성장 과정에서 충분히 수용되는 경험을 하지 못하면 감정 표현이 특히 어렵다. 감정을 민감하게 살피고, 건강하게 표현하기보다 억압, 은폐, 무시를 선택하는 게 익숙할 수도 있다. 만약 감정을 충분히 수용받은 경험이 없다면 지금 여기에서 연습해야 한다.

"당신 힘들었겠다."
"불안하고 우울하겠다."

감정을 있는 그대로 긍정하고, 반영하면서 수용하면 된다. 배우자, 부모 혹은 자녀와 감정을 긍정하고, 수용하는 자세를 연습하면 얼마든지 달라질 수 있다.

넷째, 감정과 생각을 솔직하게 전달하는 대화법인 '나 전달법(I-Message)'으로 감정을 표현하는 것이다. 이때 중요한 것은 상대방의 생각이나 행동을 비난하지 않고, 판단이나 평가도 하지 않는다는 점이다.

"나는 당신이 그렇게 말하면 속상해요."
"나는 네가 약속 시간에 늦어서 화가 났어. 한편으로는 걱정도 되더라."

이처럼 자신이 느끼는 생각과 감정을 솔직하면서 건강하게 전달하는 것이다. 나 전달법은 부정적인 감정이나 표현하기 어려운 감정을 솔직하게 표현할 수 있는 장점이 있다.

이와는 반대되는 대화법이 너 전달법(You-Message)이다. '너'를 주어로 시작하면서 자신이 느끼는 생각이나 감정을 솔직하게 표현하지 못하고, 건강하게 표현하지도 못하는 대화법이다. "너는 약속할 때마다 왜 늦는 거야!", "당신은 무슨 말을 그따위로 해요?" 등의 표현으로 상대방에 대한 공격과 비난, 조롱을 이어 간다. 건강한 대인관계를 맺기가 몹시 어렵다.[125]

• 감정과 이성의 분리

감정과 이성을 분리해야 할 때가 있다. 비즈니스 상황이라면, 중요한 선택과 판단을 해야 하는 상황이라면 당연히 감정보다 이성이 앞서야 한다. 좋은 선택과 판단에는 감정보다 이성이 우선순위일 수밖에 없다. 이성이 먼저인 상황에서 감정을 앞세우면 일을 망치기에 십상이다. 생각하지 않았던 당황과 좌절, 쓸데없는 분노를 느낄 수 있기 때문이다.

반대로 이성보다 감정이 앞서야 할 때도 있다. 친밀한 대인관계에서는 이성보다 감정이 앞서는 경우가 많다. 이 순서가 바뀌면 곤란하다. 뜻하지 않게 관계의 불편함과 어려움을 겪게 될 가능성이 커지기 때문이다.

아내가 직장에서 상사에게 지적받고 몹시 속이 상한 상태로 집에 왔다.

"여보! 우리 김 부장 그 사람 정말 왜 그런지 모르겠어! 매번 하던 일이라도 실수할 수도 있지, 그것도 이해 못 하고 나한테 뭐라고 하더라고!"

씩씩거리며 화를 내는 아내에게 남편이 한마디 한다.

"당신이 잘못했네! 혼날 짓 했구만, 뭘….'

그다음 장면은 안 봐도 선하다. 남편은 아내의 감정부터 읽어줬어야 했다. 아내도 안다. 본인이 실수한 것을 말이다. 남편은 아내의 이야기를 그냥 듣고만 있어도 됐다. 아내의 감정은 몰라주고, 잘잘못을 따지지 않아도 될 일을 괜히 건드려서 아내의 아픈 마음만 더 아프게 한 것이다.

"당신 얼마나 속이 상했어요."
"듣는 내가 다 화가 나네."

이 정도의 말 한마디만 했어도 충분하다. 지금 아내에게 가장 필요한 것은 적극적인 지지와 격려이다. 아내가 지금 여기에서 느끼는 감정이 무엇이고, 그 감정이 무엇을 필요로 하는지를 알아차리고, 그 말을 해 줘야 한다.[126]

• 때와 상황에 맞는 대답과 반응

상대방에게서 때와 상황에 맞지 않는 대답과 반응이 나올 때 참 서운하고 화도 난다. "날씨가 너무 춥네."라고 했더니 "겨울인데 그럼 덥겠냐?"고 대답한다. 누가 들어도 적절하지 않은 대답이다. "진짜 춥지! 너 추위 많이 타는데 걱정이다."라고 대답했다면 얼마나 좋았을까?

설마 저렇게 대답하고 반응하는 사람이 있겠냐고 생각할 수 있는데, 진짜 있다. 아니, 많다. 상대방이 무슨 말을 하든지 사실적인 반응만 하거나 책망 섞인 대답을 하는 사람들이 있다. 긍정적인 대화를 막고, 대인관계의 단절을 가져오는 의사소통을 하는 사람들이다. 원만하고 친밀한 대인관계를 만들기 위해서는 절대 하지 말아야 할 의사소통이다.

상대방의 마음과 내 마음을 연결해 주는 의사소통을 해야 한다. 그 첫걸음은 마음을 읽어 주는 것이다. 마음을 읽어 주는 의사소통은 서로 존중과 인정을 주고받는다. 때와 상황에 적절하고 어울리는 대답과 반응을 한다. 공감과 헤아림이 있는 대답과 반응이다.

지나치게 건조하게 정보와 사실만 돌려주는 말이나 핀잔 섞인 말은 부정적인 역할만 할 가능성이 크다. 상대방의 이야기에 귀 기울이고, 관심을 보이는 대답과 반응만 보여 줘도 어느 정도 마음과 마음이 연결된다. 나를 한없이 이해해 주고 사랑하는 사람이라는 생각이 들게 하는 대화와 그 반대의 대화는 결과물이 완전히 다를 수밖에 없다.

누구나 자신의 마음을 충분히 공감해 주고, 수용받기를 소망한다. 마음대로 평가하거나 판단하지 않고, 있는 그대로 받아들여 주며, 말로는 표현하지 않았지만, 속마음까지 알아주는 사람을 좋아한다. 일단 나에게 관심이 많고, 마음과 상황을 헤아려 주면서 이해해 주는 사람을 곁에 두고 싶다. 그런데 우리는 너무 쉽게 상대를 판단하고 평가한다. 격려보다 책망과 비난이 먼저 튀어나오기도 한다.

나의 부정적인 의사소통 습관을 상대방이 견뎌 주고, 참아 주고 있음을 기억해야 한다. 소중한 사람을 잃지 않으려면 부정적인 의사소통 습관을 고쳐야 한다. 그리고 마음을 읽어 주고, 마음을 연결하는 의사소통을 해야 한다.[127]

바람직한 의사소통은 감정과 감정이 만나는 대화, 의미와 의미가 만나는 대화다.[128] 이를 위해서는 상대방을 마음대로 평가하거나 판단하고, 상대방의 말을 핀잔으로 되돌려주는 습관을 반드시 고쳐야 한다. 그래야 친밀감을 느끼고, 더 깊은 관계로 나아갈 수 있다.

• '말의 덫'과 경직된 대화 패턴의 극복

'말의 덫'을 놓는 사람들이 있다. 말의 덫은 '자신의 기대와 속셈을 철저히 숨기고, 상대방이 어떻게 나오는지 교묘하게 시험하는 나쁜 의사소통 방식'이다. 그 사람의 속마음을 전혀 알 수 없는 상대방은 숨은 속셈이 있다는 것을 뒤늦게 알아차리게 된다.

말의 덫을 놓는 사람과 대화를 꺼릴 수밖에 없다. 그 사람의 생각과 의중을 살피는 데 많은 에너지를 써야 하고, 어떤 대답을 내놓아도 정답을 맞힐 수 없는 대화이기에 마음의 문이 닫힐 수밖에 없기 때문이다.

적절하고 건강한 의사소통은 신뢰감과 편안한 분위기에서 시작된다. 무엇보다 본뜻을 상대방에게 왜곡 없이 전달해야 한다. 말로 표현하는 것과 마음의 기대와 바람이 전혀 다르다면 건강한 의사소통이라 할 수 없다. 비정상적인 의사소통이다. 그나마 숨은 상대방의 마음을 잘 읽는다면 다행이지만, 상대방의 가려진 마음을 알아맞힐 수는 없는 노릇이다. 정직하고 투명하게 말하고, 왜곡이나 굴절 없는 의사소통을 해야 한다.

투명하게 말하라고 해서 '직설적으로 표현하라'는 의미는 아니다. 느끼는 대로, 생각나는 대로, 쏟아붓고 싶은 대로 말을 내던지는 것은 투명하고 정직하고 성숙한 말하기가 아니다. 마음에서 일어나는 다양한 생각과 느낌, 때론 격한 느낌이 들더라도 통제되는 선에서 정직하고 성숙하고 온화하게 표현해야 한다.

마음에 뒤틀린 게 많을수록 의사소통 과정에서 말의 덫을 놓으려 한다. 말의 덫을 놓아서 얻고자 하는 게 무엇이고, 통제하려는 게 무엇인지 돌아볼 필요가 있다. 그가 나를 정말 사랑하는지 확인하고자 겉과 속이 다른 말을 건네고 있지는 않은지 점검해야 한다. 말의 덫에 걸린 사람의 당황하는 모습을 보고 싶은 것은 아닌지, 소심한 복수심을 표출하는 하나의 방법은 아닌지 살펴야 한다.

말의 덫은 경직된 대화 패턴에서 나온다. 마음을 투명하게 표현하는 게 힘들고 어려워서 말의 덫을 놓을 가능성이 크다. 성장 과정 혹은 대인관계에서 자신의 바람과 기대를 말한 경험이 지지나 격려를 받지 못했을수록 경직된 대화 패턴을 형성하고, 말의 덫을 놓는 등 건강하지 않은 의사소통 방식을 사용한다. 누군가에게 솔직한 내 마음을 표현하면 안 되고, 상대방이 내 마음을 알아줄 때까지 기다려야 한다는 왜곡된 생각을 하고 있을 가능성이 크다.

이처럼 경직된 대화 패턴에 갇히면 자신의 욕구나 바람을 표현하는 것을 어려워한다. 그러면서 자신의 마음을 알아주지 못하는 사람들을 원망하고 미워한다. 아무리 힘들고 어려워도 자신의 마음과 생각을 적극적으로 표현하면서 상대방에게 알려야 한다. 내 마음을 상대방이 알아주지 않아도 괜찮다. 적어도 나에게는 투명하고 솔직했기 때문이다.

지금까지 의식적 혹은 무의식적으로 말의 덫을 놓았다면 걷어내야 한다. 자신이 어떤 말로 상대방의 마음을 시험하는지 점검하는 것도 도움이 된다. 편안하면서도 솔직하게 감정을 표현하고, 자신의 기대를 상대방에게 말하고 들을 수 있어야 한다. 상대방이 말의 뜻을 불분명하게 하고, 기대와 소원을 모두 말하지 않는다고 느껴지면 다시 묻고 확인할 필요가 있다. 정말 그런 뜻인지, 정말 괜찮은지 물어야 한다. 숨은 의도가 있었다면 과감하게 내려놓고, 자신의 생각과 마음을 정직하게 표현할 수 있어야 한다.[129]

• 격려와 위로

누구나 약점이 있다. 그 약점을 누군가에게 절대로 들키고 싶지 않다. 누군가에게 드러내기 힘든 아주 창피하고 고통스러운 약점일 때는 더욱 그렇다. 그래서 약점을 감추고 또 감추다가 결국 사달이 난다. 절대 보이고 싶지 않았던 그 약점이 결국 내 발목을 잡기 때문이다. 그런데 약점을 꺼내 놓을 정도로 마음을 열게 하는 의사소통 기술이 있다. 격려와 위로가 바로 그것이다.

한글을 모르는 중년의 남성이 있었다. 화장실 청소를 하는 사람이었는데, 한글을 몰라서 그림을 보고 남자 화장실과 여자 화장실을 구분했다. 버스를 탈 때마다 기사나 사람들에게 본인이 가는 목적지를 가는지 꼭 물어야 했다. 한글을 몰라서 겪는 불편이 한둘이 아니었다. 그래도 자신이 한글을 모른다는 사실을 누군가가 알아서는 안 됐다. 무슨 일이 있어도 감추고 또 감췄다. 어느 날 함께 청소 일을 하는 동료가 그에게 말했다.

*"한글을 몰라서 불편한 게 참 많지요? 제가 도와드릴 테니까 이
제 염려하지 마세요."*

그 말 한마디에 중년 남자가 무너졌다. 그동안의 서러움이 한
꺼번에 터져 나왔다. 중년의 남자가 어린아이처럼 눈물을 쏟아 내
자, 동료가 그를 포근히 안아 줬다. 그 품에서 한참을 울던 중년 남
자가 말했다.

*"참 고맙소. 그동안 얼마나 힘들었는지 모르오. 알아줘서, 도와
준다고 해서 참 고맙소."*

그날 이후 중년 남자가 완전히 달라졌다. 한글을 모른다는 사
실을 거리낌 없이 털어놨다. 그리고 적극적으로 도움을 요청하고,
늦게나마 한글 공부도 시작했다. 이 엄청난 변화를 가져다준 힘이
바로 격려와 위로다.

이처럼 누군가에게 진심 어린 격려와 위로를 받으면 삶이 달라
진다. 절대 꺼낼 수 없었던 약점마저 거리낌 없이 내보일 정도로
달라진다.

아무리 시간이 많이 흘러도 그 격려와 위로를 잊지 못한다. 진
정한 회복과 치유를 가져오기 때문이다. 누군가에게 격려와 위로
를 선물하는 의사소통을 할 수 있다면 그 사람의 마음을 얻을 수

있다. 가장 고마운 사람, 가장 나를 사랑해 주는 사람, 내가 가장 좋아하는 사람으로 기억될 수 있다. 바로 이것이 격려 그리고 위로의 힘이다.

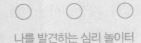

인간관계
유형 검사

나의 인간관계 유형을 살펴보자. 인간관계 유형은 나의 기질과 나를 둘러싼 환경에서의 학습, 내 의사소통 패턴과 방식 등의 영향을 받아 형성된다. 먼저 내가 가지고 있는 인간관계 유형을 파악하고, 장점은 더욱 키우고, 보완할 점은 보완한다면, 더 원만하고 더 건강한 대인관계를 맺을 수 있다.

● 인간관계 유형 검사[130]

아래 문항을 잘 읽고 해당하는 수준에 체크해 보자.

1	2	3	4	5
전혀 아니다	대체로 그렇다	보통이다	대체로 그렇다	매우 그렇다

1. 어떤 일에 대해 경우의 수를 많이 생각해 보고 결정하는 편이다.	1 2 3 4 5
2. 상대가 잘못을 했더라도 그 사람 입장을 고려해서 행동하려 한다.	1 2 3 4 5
3. 감정 변화나 분위기 변화에 민감하여 내적으로 갈등을 많이 한다.	1 2 3 4 5
4. 친구나 선배의 부탁을 거절하지 못해 일을 떠안을 적이 많다.	1 2 3 4 5

5. 다른 사람으로부터 상냥하다는 말을 듣는 편이다.	1 2 3 4 5
6. 기분 나쁘면 말이나 행동으로 표현하는 경우가 많아 조심한다.	1 2 3 4 5
7. 다른 사람과 의견이 다르면 그 다른 사람 의견을 우선한다.	1 2 3 4 5
8. 다른 사람들로부터 우유부단하다는 말을 듣는 편이다.	1 2 3 4 5
9. 말을 하다가 말끝을 흐리는 경우가 많다.	1 2 3 4 5
10. 화가 나더라도 상대방이 상처받을까 봐 먼저 화내지 않는다.	1 2 3 4 5
11. 분위기 메이커라는 말을 많이 듣는다.	1 2 3 4 5
12. 분위기를 바꾸는 비장의 무기가 많다.	1 2 3 4 5
13. 갑자기 다른 사람들 앞에서 발표할 때 임기응변을 발휘한다.	1 2 3 4 5
14. 다른 사람을 자주 칭찬하는 편이다.	1 2 3 4 5
15. 다른 사람들이 생각하지 못하는 엉뚱한 상상을 많이 한다.	1 2 3 4 5
16. 다른 사람의 말이나 태도에 기분이 급격하게 변한다.	1 2 3 4 5
17. 내가 이야기를 하면 주변 사람들이 재미있어한다.	1 2 3 4 5
18. 다른 사람들로부터 '당신은 솔직한 것 같다'는 말을 많이 듣는다.	1 2 3 4 5
19. 지금 당장 고민을 이야기할 수 있는 친구가 5명 있다.	1 2 3 4 5
20. 기분이 나쁘다가도 칭찬이나 선물 받으면 나아지곤 한다.	1 2 3 4 5
21. 가까운 시일 내에 이뤄야 할 목표를 가지고 있다.	1 2 3 4 5
22. 일을 하다보면 어느새 내가 주도하고 있는 경우가 많다.	1 2 3 4 5
23. '어디까지 해야지'를 계획하고, 중도 포기하는 일이 거의 없다.	1 2 3 4 5
24. 다른 사람의 충고나 간섭을 좋아하지 않는다.	1 2 3 4 5

25. 스스로 충분히 할 수 있다고 생각하는 편이다.	1 2 3 4 5
26. 과정은 틀려도 답을 맞힌 학생에게 더 높은 점수를 주겠다.	1 2 3 4 5
27. 후배들로부터 엄격하다는 말을 듣는 편이다.	1 2 3 4 5
28. 학과에서 대하는 사람들과 친구들은 구분을 두어 대하는 편이다.	1 2 3 4 5
29. 주변 설명보다는 본론부터 이야기하는 사람을 선호한다.	1 2 3 4 5
30. 어느 한쪽을 선택해야 할 때 신속하게 결정하는 편이다.	1 2 3 4 5
31. "사람들이 많이 왔다."보다 "500명 정도 왔다."고 말하는 편이다.	1 2 3 4 5
32. 약속한 시간에 충분히 여유를 두고 집에서 출발하는 편이다.	1 2 3 4 5
33. 학교를 다니면서 지각을 해 본 적이 거의 없다.	1 2 3 4 5
34. 과거에 실망한 회사 제품은 다시는 사지 않는 편이다.	1 2 3 4 5
35. 과정이 중요하다고 생각하는 편이다.	1 2 3 4 5
36. 신제품이 출시되면 사용한 사람들에게 물어보고 구입한다.	1 2 3 4 5
37. 정보를 수집 및 분석해서 결론 내리는 게 좋다.	1 2 3 4 5
38. 기분 나쁘거나 아파도 다른 사람들이 잘 알아차리지 못한다.	1 2 3 4 5

● 채점 및 결과 분석

각 문항의 합산 점수를 우측에 기입한다. 합산 점수가 가장 높은 것이 인간관계 유형이다. 예를 들어 1~10번 문항의 합산 점수가 가장 높으면 인간관계 유형이 R이다. 두 개 이상 유형이 최고 점수일 때는 해당 유형의 성격을 동시에 가진 것으로 해석한다.

유형	항목	점수	나의 유형
R(친화형)	1-10번 문항 합산 점수		
O(개방형)	11-20번 문항 합산 점수		
D(주도형)	21-30번 문항 합산 점수		
E(평가형)	31-40번 문항 합산 점수		

● 인간관계 유형별 특징

유형	특징	보완할 점
R (친화형)	다른 사람을 배려하는 친화형 - 상냥하고 정이 담긴 대화나 태도 - 상대방 이야기를 경청하고 공감함 - 폭넓은 대인관계 - 타인에게 온화하고 관대함	싫은 건 'NO'라고 외치기 - 상대의 부탁을 거절하지 못함 - 우유부단, 무책임한 모습으로 보임 - 공적 상황과 사적 상황 구별 능력 필요 - 단호함과 온화함 발휘
O (개방형)	분위기 메이커 - 밝고 쾌활한 인상 - 친구와 호기심이 많음 - 미래 지향적 사고와 창의적 사고 - 자신을 사람들과 공유하는 것을 좋아함	행복 에너지 조절 - 말실수할 수 있음 - 지나친 밝음이 부담으로 작용 - 정서적 조절 능력 필요
D (주도형)	독립심이 강하고 계획적 - 주도해서 일을 이끌어 가는 편 - 카리스마 있는 리더십 발휘 - 현실적인 것 선호 - 빠른 의사결정과 강한 추진력 - 결과를 중요하게 여김	인간미 발휘 - 포용하고 인정하는 마음가짐 - 냉정하고 사무적으로 보일 수 있음
E (평가형)	약속을 소중히 - 숫자나 정보 이용해서 대화 - 신뢰감 있고 겸손한 사람 - 과정을 중요하게 여김 - 분석, 관찰 능력 - 객관적인 판단	여유로움과 부드러움 - 과거 경험이나 성과 중요시 주의 - 답답하고 고지식하게 보일 수 있음

아버지의 사명이 나의 사명으로, 현대종교 탁지원

"그래도 그 일은 저의 사명입니다."

1994년 2월, 탁지원 소장이 대학 졸업을 앞둔 어느 날이었다. 아버지 탁명환 소장이 이단의 습격을 받고 목숨을 잃었다. 그날 이후 아버지가 평생을 이어 온 이단 연구와 대처하는 일이 세 아들의 몫이 됐다. 형은 현대종교 이사장과 부산장신대 교수, 동생 탁지웅은 성공회 신부로서 일본에서 목회 및 이단 피해자들을 돕고 있다. 탁지원 소장은 현대종교 대표와 월간 현대종교 발행인으로 활동하고 있다.

이 일이 얼마나 위험한지 모른다. 아버지처럼 언제 어디서 이단들에게 습격당할지 모르고, 그들의 끊임없는 위협과 괴롭힘이 이어지기 때문이다. 그런데도 그가 이 활동을 계속하는 이유가 있다. 이단을 알리고, 이단 피해자들을 도우며, 이단을 대처하는 일이 그의 사명이기 때문이다. 특히 아이들과 청년들이 이단에게 휩쓸려 피해 보지 않도록 돕는 일에 힘쓰고 있다.

처음에는 선친의 뜻이라 선택의 여지가 없었다. 그러나 지금은 도저히 멈출 수 없는 그의 사명이 되었다. 그 사명을 완수하기 위해서 위협과 괴롭힘에도, 두려움이 마음을 흔들어도 그 힘찬 발걸음을 멈추지 않고 있다. 날로 지능화 · 고도화 · 점조직화되는 이 단들의 실태를 고발하고, 적극적으로 대처하는 방법을 소개하고 있다. 힘들어도, 무서워도, 두려워도 멈추지 않는 그 발걸음이 탁지원 소장의 자존감을 나타낸다.

3장

살리는 의사소통,
죽이는 의사소통

독일의 실존철학자 하이데거는 "언어는 존재의 집"이라고 했다. 언어가 그 개인의 존재를 보여 주는 창문 역할을 한다는 의미다. 내가 사용하는 언어가 내 마음에 무엇을 담고 있는지를 보여 준다는 심오한 뜻이다.

내 마음에 담긴 그 무언가를 보여 주는 도구가 '의사소통'이고, 그 방법이 '의사소통 기술'이다.[131] 그런데 어떤 사람은 살리는 의사소통을, 또 어떤 사람은 죽이는 의사소통을 한다. 이는 균형 잡힌 음식을 섭취하느냐 그렇지 않느냐의 결과와 같다.

균형 잡힌 음식을 섭취하면 당연히 건강할 것이고, 그렇지 않으면 영양실조에 걸리는 것처럼, 좋은 언어를 섭취하면 대인관계를 살리는 의사소통을 하고, 반대로 나쁜 언어를 사용하면 대인관계를 죽이는 의사소통을 한다. 좋은 언어는 아름다운 입술을, 나쁜 언어는 열등감과 낮은 자존감을 만들기 때문이다.

언어 냉장고 속 좋은 언어, 나쁜 언어

좋은 언어에서 기인한 살리는 의사소통은 상대방의 마음부터 얻는다. 원만하고, 막힘없는 의사소통을 가능하게 하기 때문이다. 반대로 나쁜 언어가 가져온 열등감과 낮은 자존감 수준에서 기인한 죽이는 의사소통은 상대방의 마음을 얻지 못하고, 불통(不通)을 불러온다. 상대방의 이야기를 객관적이고 중립적으로 받아들이지 못하기 때문이다. 말하는 사람의 의도와 전혀 다르게 진의를 왜곡하거나 틀어서 해석하고, 무슨 말을 해도 부정적 · 비관적 · 비판적으로 받아들이기 때문이다.

이는 어느 특정한 사람들만의 문제가 아니다. 누구라도 사랑받고 인정받는 좋은 언어를 섭취하지 못하면, 열등감에 사로잡히고 자존감 수준이 낮아진다. 유독 좋지 않은 언어를 통째로 흡수하는 사람들이 있는데 그들은 결국, 상처를 주고받는 일이 잦고, 대인관계에서 어려움을 자초한다.

그래서 좋은 언어를 많이 섭취해야 한다. 당연한 말이지만, 내 안에 좋은 언어가 많으면 대인관계에서 긍정적인 역할을 하고, 나쁜 언어가 많으면 부정적인 역할을 한다. 칭찬, 인정, 수용, 배려, 공감 등이 좋은 언어이고, 비난, 비판, 무시, 배척 등이 나쁜 언어이다. 내 언어의 냉장고에 좋은 언어를 많이 보관하고 있을수록 의사소통이 수월해지고, 원만하고 희망적인 대인관계를 맺을 수 있다. 여기에 센스 있는 의사소통 훈련과 노력을 추가한다면 금상첨화다.

* 좋은 언어 *	* 나쁜 언어 *
칭찬, 인정, 수용, 배려, 공감	비난, 비판, 무시, 배척

좋은 언어를 많이 가지고 있으려면 그만큼 듣고 경험해야 한다. 어린 시절부터 좋은 언어를 많이 들으면서 성장하면 좋은데, 그렇지 못했다고 좌절할 필요는 없다. 지금부터가 훨씬 중요하기 때문이다. 지금 여기에서 좋은 언어를 많이 듣고 사용하면 된다.

일단 매사에 긍정적인 말을 사용하는 사람을 가까이하면 좋다. 그 사람에게 반복적으로 긍정적인 말을 듣다 보면 어느새 내 생각과 말이 변하기 때문이다. 감사와 칭찬을 하루에 몇 개씩 찾는 훈련을 하는 것도 큰 도움이 된다. 무엇보다 자기 마음을 듣고, 그 마음을 솔직하게 표현하는 의사소통 연습과 훈련이 필요하다.[132]

살리는 의사소통의 우선순위

그런데 의사소통 과정에서 냉철한 심판이 되는 사람들이 있다. 정보와 사실에 근거한 해결책을 먼저 제시하는 경향이 있는 사람들이다. 그들의 의사소통에서는 감정이 배제된다. 본인들은 그렇게 의사소통하는 것이 옳고 탁월하다 여길지 몰라도, 사람 냄새가 전혀 나지 않는 방식이다. 당연히 대인관계가 자꾸 꼬이고 결국 죽이는 의사소통이 된다. 더 큰 걱정은 그 의사소통 방식이 대인관계에서 문제를 일으킨다는 사실을 본인만 모른다는 점이다.

상대방의 마음을 얻는 의사소통, 살리는 의사소통이 하고 싶다면 그 방식에서 벗어나야 한다. 상대방이 원하는 의사소통은 결코 해결 중심적인 의사소통이 아니라는 것을 깨달아야 한다. 상대방의 마음을 알아주려는 모습이 엿보이는 의사소통이면 충분하다.[133]

물론 사람마다 선호하는 의사소통 방식이 다를 수 있다. 그러나 의사소통의 궁극적인 목적은 정보를 주고받는 것을 넘어서서 원만한 대인관계 혹은 상대방의 마음을 얻는 것이기에 지나치게 딱딱한 의사소통 방식을 고집해서는 안 된다. 자칫 죽이는 의사소통이 될 수 있기 때문이다. 그렇다면 살리는 의사소통을 위해서 우선순위로 두어야 할 것에는 무엇이 있을까?

• 상대방의 마음 읽기

사람은 이성적이면서 동시에 감정을 가진 존재이다.[134] 의사소통 과정에서 보이는 감정의 흐름을 파악하는 능력이 있다. 상대방의 감정을 느끼는 수준에는 차이가 있을 수 있지만, 서로의 감정을 알아차리는 능력은 누구나 갖추고 있다. 상대방의 감정을 잘 모르겠으면 물어보면 그만이다.

"그때 마음이 어땠어요?"

그리고 상대방의 대답에 따라 그 마음을 읽어 주면 된다. "얼마나 속이 상했어요 그래.", "정말 화가 났겠는데요?" 등으로 반응하면 된다. 이렇게 상대방의 마음을 읽어 주거나 알아주는 게 적절하고 건강하고 수준의 의사소통이다. '어떻게 하면 이 상황을 해결할 수 있을까?'에 대한 고민은 나중 문제다. 가장 먼저 상대방의 마음을 읽어 줘야 한다. 바로 이것이 살리는 우선순위다.

놀이터에서 아이가 놀다가 넘어졌다. 그때 부모가 달려가서 가장 먼저 해야 할 말이 무엇일까? "다음부터는 조심하자."일까? 절대 아니다. "괜찮아?"라고 물으면서 아이를 살피는 게 최우선이다. 이 순서가 바뀌면 곤란하다. 상황 파악보다 아이의 아픔을 보듬어 주는 게 우선일 수밖에 없기 때문이다.

의사소통에서도 이 순서가 똑같이 적용된다. 상대방의 마음을 먼저 읽어 주고, 안아 주고, 이해해 주는 게 우선이다. 이 순서가 지나고 난 다음에 해결책을 논의하는 과정으로 넘어가야 한다.

• 좋은 경청

원활하고 막힘없는 의사소통을 만드는 출발점이 무엇이냐고 묻는다면 '경청'이라고 힘주어 말하고 싶다. 상대방의 이야기를 잘 듣기만 해도 원활한 의사소통이 이뤄지기 때문이다. 상대방의 이야기를 잘 들어 주는 것만으로도 최고의 대화 상대가 될 수 있다. 잘 들어 주기만 해도 상대방이 신뢰감과 편안함을 느끼고, 그런 사람이 한 명만 있어도 충분히 행복하다고 고백하게 된다.

경청은 '마음을 다해서 상대방의 말을 듣는 태도'다.[135] 그런데 대부분의 사람이 자기 이야기만 하려고 하고, 상대방에게 진정한 관심을 보이는 경우가 드물다. 자기 마음을 알아주기를 원하는 사람은 많지만, 잘 들어 주는 사람을 찾기가 매우 어렵기 때문이다. 그래서 누군가의 마음을 얻으려면, 원만한 대인관계를 원한다면 경청부터 해야 한다.

경청을 잘하려면 일단 상대방에게 관심을 가져야 한다. 관심을 가지려면 일단 멈춰야 한다. 내 행동과 생각을 멈추고, 상대방에게 몰입해야 한다는 의미다. '멈춤'은 좋은 경청자가 가지는 가장 중요한 자세다. 하던 행동과 생각을 멈췄다면 몸을 틀어서 상대방을 바라봐야 한다. 그리고 눈을 맞춰야 한다. 그렇게 하면 상대방의 이야기를 충분히 들을 준비가 되었다는 비언어적 메시지가 전달됐다고 볼 수 있다.

그다음은 있는 그대로 들어 주면 된다. 판단이나 평가, 결론으로 끌고 가려 해서는 안 된다. 가르치려 하거나 훈계를 늘어놓아서도 안 된다. 상대방의 이야기를 들으면서 무슨 대답을 해 줘야 할지 고민할 필요도 없다. 그저 충분히 들어 주기만 하면 된다. 해결책을 제시해 주는 것보다 그저 들어 주는 게 훨씬 훌륭한 의사소통이다. 물론 상대방의 이야기를 그저 들어 주는 게 보통 어려운 일이 아니다. 의도적으로 연습하고 또 연습하면서 좋은 경청 기술을 습득해야 한다. [136]

• 결론적 공감과 과정적 공감

'공감은 마음의 그릇'이라는 말이 있다. 고통과 고난을 많이 겪은 사람이 공감을 더 잘할 수 있다는 의미다. 과거에 그 경험을 이미 한 사람은 지금 비슷한 경험을 하는 사람을 더 깊이 공감할 수 있다. 자신과 비슷한 처지에 있는 사람을 마음 깊이 공감해 줄 마음의 그릇을 가지고 있기 때문이다. 그런데 주의할 점이 하나 있다. 공감한다면서 상대방의 경험을 다소 가볍게 여기거나 쉽게 결론을 내서는 안 되기 때문이다.

"내가 겪어 봐서 잘 알아!"

"그 정도는 아무것도 아니야. 나는 더 심했어."

이러한 반응을 보이는 것은 적절하지 않다. 상대방에게 그 어떤 위로도, 격려도, 응원도 되지 않는다.

공감의 종류 중에 '과정적 공감'과 '결론적 공감'이 있다. 자신이 경험했던 비슷한 일을 지금 당한 사람에게 너무 쉽게 아무 일도 아니라는 결론을 쉽사리 내리려 한다면 그것은 '결론적 공감'이다. 그 사람은 그 일을 이미 겪었고, 시간이 지났기에 그렇게 여길 수 있다. 그런데 그 사람도 그 상황에 놓여 있었을 때는 절대로 아무 일도 아니라고 여기지 않았을 것이다. 지금 필요한 것은 그 사람 곁에서 함께 울어 주는 것이다.

"정말 힘들겠구나!"

이 정도의 말로 위로하는 게 적절한 공감이고, 위로일 것이다. 물론 결과적으로 그 일이 잘 해결되고, 아무 일도 아니라고 여기는 날이 오겠지만, 지금은 아니다. 너무 성급하게 '결론적 공감'을 해 버리면 곤란하다. 가장 위로가 안 되는 말은 "다 잘될 거야!", "정금처럼 연단될 거야!", "인생은 새옹지마잖아!" 등이다.

우리에게 정말 필요한 것은 '과정적 공감'이다. 과정적 공감은 그 시점에 맞는 말이나 조언을 해 주는 것이다. 상대방의 눈높이에서 마음을 읽어 주려 노력하고 이해하려는 시도가 바로 그것이다. 마음의 그릇이 넓은 사람은 상대방을 더 깊이 공감할 수 있다. 다만, 너무 이른 '결론적 공감'을 지양하고, 상대방의 발걸음에 맞추는 '과정적 공감'을 해야 한다.[137]

불통과 소통을 가르는 한 끗 차이

사람마다 이해하는 내용과 그 폭이 다르다. 사람은 자기 경험을 바탕으로 해석하고, 이해하는 모양이 모두 다르기 때문이다. 상대방의 말을 이해하는 과정은 매우 자연스럽고 자동적으로 이루어진다. 그런데 유난히 알아차리지 못하는 사람들이 있다. 뜻을 왜곡하고, 비틀어서 해석하는 이들도 있다. 같은 단어와 문장을 사용하더라도 그 의미를 왜곡하거나 축소, 확대하는 일도 비일비재하다.

이것을 '의사소통의 불일치'라고 한다. 말이 완전히 왜곡되어 의도치 않은 갈등이 벌어지는 경우도 있고, 상대방의 반응이 기대에 못 미친다는 이유로 실망하거나 좌절하는 경우도 있으며, 생각과 인식, 의견과 견해가 나와는 다르다는 이유로 무시하거나 상처를 주기도 한다.

불통과 소통을 가르는 것은 사실 한 끗 차이다. 여기에서는 그

한 끗 차이로 ▶말 제대로 이해하기 ▶생각과 인식의 차이 구분하기 ▶마음 알아차리고 공감하기 ▶상대방의 감정에 미러링하기를 차례대로 알아보고자 한다.

• 말 제대로 이해하기

상대방의 이야기를 있는 그대로 이해하지 못하고 자기 방식대로 이해하려 할 때, 답답함을 느끼고 대인관계의 문제가 생기는 사례가 많다. 특히 부모와 자녀의 갈등 상황이 그 대표적인 상황이다.

"네가 대체 뭐가 힘들다고 그러니?"
"나는 아무리 생각해도 네 생각과 행동을 이해할 수가 없어."

이렇게 말하는 부모에게 자녀는 입을 닫거나 집을 뛰쳐나갈 수밖에 없다.

같은 말을 서로 다르게 이해하지 않으려면 상대방의 입장에서, 그 사람이 하는 말을 내가 제대로 이해했는지 재차 물어보는 과정이 필요하다. 그래야 불필요한 오해를 만들지 않기 때문이다. 이때 필요한 것이 바로 용기다.

무심결에 "왜"라는 말을 자주 사용하는 사람도 있다. 물론 그 사람들은 정말 궁금하고 그것이 알고 싶어서 상대방에게 "왜"라고 질문했을 것이다. 그런데 듣는 사람은 그 말의 해석을 달리할 수 있다. "왜"라는 말이 상대방을 비난하거나 책망하는 의미로 해석할 여지가 있기 때문이다.

상대방에게 다시 물어보지 않고는 표면적인 말 이면에 담겨 있는 뜻을 정확하게 알 수 없는 경우가 있다. 의도는 분명 그게 아닌데 듣는 사람은 비난이나 책망, 화를 내는 것으로 이해하기도 한다. 따라서 상대방이 오해하거나 예민하게 반응하는 말은 애초에 사용하지 않는 게 좋다. 무심결에 나올 수도 있으니 주의해야 한다.

더불어 상대방의 같은 말을 왜곡하거나 비틀어서 해석하고 이해하는 원인과 이유를 찾아야 한다. 그 사람의 경험과 성장 환경을 살펴보면 어느 정도 그 원인을 찾을 수 있다.[138]

믿어 주지 못하는 환경에서 자랐거나 무심코 들은 불신의 말 한마디에 크게 상처 입은 경험이 있었을 가능성이 있다. 중요한 인물이 자신을 믿어 주지 못하고 책망만 했다면 같은 말을 들어도 부정적·비관적·절망적으로 해석할 수 있다. 늘 긴장하고, 완벽을 추구하며 살아오면서 큰 상처를 받았을 가능성이 크기 때문이다.

같은 말을 해도 이왕이면 긍정적·희망적·낙관적으로 해석하는 게 좋다. 물론 쉽지 않은 일이지만, 끊임없이 노력하고 훈련해야 한다. 특히 상처로 인해서 왜곡하거나 뒤틀린 사고를 자동적으로 하는 사람이라면, 의도적인 노력과 훈련이 더욱 필요하다. 자신뿐만 아니라 다른 사람들과의 관계에서 더 심각한 문제가 발생할 수 있기 때문이다.

그렇다고 지레 겁낼 필요는 전혀 없다. 벗어나면 그만이기 때문이다. 그 사람에게 보내는 믿음과 신뢰가 그 일을 가능하게 할 것이다. 지금 당신 눈앞에 있는 사람을 믿어 주고, 신뢰를 보내고, 격려하고, 위로하면 얼마든지 변화할 수 있다.

• 생각과 인식의 차이 구분하기

생각과 인식의 차이를 구분할 수 있어야 한다. 사람마다 생각과 인식이 다른 것이 당연하고 자연스럽기 때문이다. 다음 사례는 남편과 아내가 가진 세탁기 돌리는 방식에 대한 인식 차이에서 생긴 갈등이다. 그들의 이야기를 들여다보자.

아내가 외출하면서 남편에게 빨래를 당부했다. 남편이 세탁기에 빨래를 구분도 없이 한꺼번에 넣고 돌렸다. 집에 돌아온 아내가 남편에게 물었다.
"빨래통에 있는 빨래 한꺼번에 넣고 돌렸어요?"
남편이 어린아이같이 천진난만한 표정으로 대답한다.
"응! 왜?"
아내가 황당하고 짜증에 찬 표정으로 말했다.
"내가 미쳤지! 누굴 탓해!"

남편이 생각하는 빨래는 세탁기에 넣고 한꺼번에 돌리면 끝이고, 아내가 생각하는 빨래는 수건은 수건대로, 외출복은 외출복대로 구분해서 세탁기에 넣고 돌리는 것이다. 세탁기 돌리는 방식도 사람의 생각과 인식에 따라 이렇게 다른데, 대인관계에서 의사소통은 오죽할까?

상대방이 생각하고 인식하는 의사소통과 내가 생각하고 인식하는 의사소통이 다르면 갈등이 발생할 수 있다. 어느 한쪽이든 기대에 못 미치는 의사소통 과정 혹은 결론을 마주하게 될 것이기 때문이다. 그 순간 감정이 좋을 리 없다.

[생각과 인식의 차이 구분하는 법 1] **명확하고 분명하게 의사소통하기**

이왕이면 내가 원하는 모양과 생각을 구체적으로 설명해 주면 더욱 좋다. 그것이 진솔한 의사소통이다. 진실하게 의사소통하면 생각과 인식의 차이에서 오는 갈등을 상당히 줄일 수 있을 것이다. 상대방의 반응이 기대에 못 미친다고 실망하거나 좌절할 이유도 그만큼 줄어들 것이다.

[생각과 인식의 차이 구분하는 법 2] **일상의 갈등과 문제들을 옳고 그름의 문제로 여기지 않기**

더불어 일상의 갈등과 문제들을 옳고 그름의 문제로 여기지 않았으면 좋겠다. 유치하기 짝이 없을 때가 많기 때문이다. 대부분 갈등은 견해 차이에서 발생한다. 생각과 인식의 차이를 옳고 그름으로만 판단하려고 하면 매우 곤란하다. 틀린 게 아니라 다른 것이다. 옳고 그름을 판단할 그 시간에 서로 다름을 인정하고, 수용하고, 이해하는 노력을 하는 게 훨씬 효과적이다.

[생각과 인식의 차이 구분하는 법 3] **다름을 수용하고 인정하기**

생각과 인식의 차이는 정말 다양한 장면에서 나타난다. 지역, 성별, 세대, 종교 등 인간을 둘러싸고 있는 모든 환경에는 생각과 인식의 차이가 존재한다. 한 가지 예를 들어 보자.

'부추'는 건강에도 좋고 맛도 좋아서 선호하는 사람들이 많다. 그런데 부추를 부르는 이름이 한둘이 아니다. 경상도에서는 '정구지', 전라도에서는 '솔', 충청도에서는 '졸'이라고 부른다. 부추를 부르는 이름도 이렇게 다양한데, 그 많은 사람의 생각과 인식의 다양하고 차이가 있는 게 당연하다.

옳고 그름으로만 문제를 해결하고자 한다면 끊임없이 논쟁하고 갈등할 수밖에 없다. 생각과 인식의 차이를 인정하고, 그 사람과 나의 생각, 인식의 폭 그리고 범위가 다르다는 것을 수용하고 이해해야 한다. 다른 것은 틀리거나 잘못한 게 아니다. 자기 생각과 인식만 주장하지 말고, 상대방을 이해하려는 여유로움과 포용이 필요하다. 그것이 성숙이고, 온유함이다.

• 마음 알아차리고 공감하기

상대방의 마음을 알아차리고, 공감해야 한다. 내 생각, 내 판단, 내 기대가 아니라 상대방의 그 마음 말이다. 사실 상대방에게 관심을 가지지 않으면 그 사람의 말을 듣는 것 자체가 어렵다. 그 사람의 마음을 알아차리기 어렵고, 공감하기는 더 어렵다. 그래서 상대방이 하는 중요한 말을 놓치는 경우가 많다. 따라서 상대방에게 관심을 가지고, 그 사람의 말을 의식적으로 집중해서 듣고, 그 마음을 알아차리고 공감하는 노력을 해야 한다.

물론 이 과정이 쉽지만은 않다. 그러나 원만하고 원활한 대인관계를 바란다면 꼭 필요한 노력이자 실천이다. 내가 하는 이야기에 관심 없고, 잘 들어 주지도 않고, 공감하지 않는 사람을 가까이할 사람이 없기 때문이다. 그런 사람과는 대인관계를 이어 갈 이유조차 찾지 못할 것이다.

사람에게 존재하는 강력한 욕구 중에 '내 이야기를 들어 달라'는 욕구가 있다. 그만큼 대인관계 속에서 소속감과 안정감을 느끼고 싶은 것이다. 그런데 이 욕구가 충족되지 않는 경우가 많다. 가정에서조차 말이다. 그래서 가족들마저 싸우고, 방황하고, 서로 미워하는지도 모른다. 그저 이야기를 평가하거나 판단하지 말고, 있는 그대로 들어 주면서 힘들고 아픈 마음을 조금만 공감해 줘도 사이가 틀어질 이유가 별로 없을 텐데 몹시 아쉽다. 여기 부부를 보자.

> 남편이 회사 일에 몹시 지쳤다. 과묵한 성격이라 그런지 힘들다는 내색도 잘 안 한다. 아니, 못한다. 자기 속마음을 이야기하는 경우가 무척 드물다. 그런 남편이 어깨가 축 처진 채로 퇴근해서 아내에게 털어놓는다.
> "요즘 나 힘드네."
> 그 말을 들은 아내가 숨도 안 쉬고 남편에게 한마디 했다.
> "당신 같은 사람과 사는 나는 더 힘들어!"

이런 대화를 하는 부부가 어디 있냐고 물을 수 있다. 그런데 잘 생각해 보자. 이와 비슷한 맥락의 이야기를 들어 보거나 내뱉은 적이 정말 없는지 말이다. 부부든, 부모든, 형제자매든, 친구든 말이다.

상대방의 그 마음을 알아차리고 공감해야 한다. 그렇지 않으면 상대방에게 씻을 수 없는 상처를 줄 수 있다. 더는 당신에게 마음 속 이야기를 꺼내려 하지 않게 될지도 모른다. 특별하게 도와주고, 그 무엇인가를 해 달라는 게 아니다. 그냥 그 마음을 알아차리고 공감해 주기만 하면 충분하다.

아까 그 아내가 남편에게 이렇게 말했으면 어땠을까?

"어머! 어떡해요. 당신처럼 묵묵히 잘 견디는 사람이 힘들다고 말할 정도면 얼마나 고된지 상상조차 안 돼요. 미안해요. 그리고 고마워요. 당신 이렇게 힘든데 제가 해 줄 수 있는 게 없을까 봐 겁이 나요."

모르긴 몰라도 그 남편에게 이 말보다 포근하고 따뜻한 위로가 없을 것이다. 그 어떤 시련과 고난이 닥쳐도 저렇게 내 마음을 알아 차려 주고, 공감하는 아내 덕분에 넉넉히 이겨 낼 수 있을 것이다.

그 마음을 알아차리고 공감하는 방법이 의외로 쉽고 간단하다. 첫째 관심, 둘째 경청, 셋째 아름다운 입술로 말하기다. 상대방이 표현하는 마음을 쉽게 흘려보내지 말고 관심 있게 듣고, 지금 이 순간 상대방이 원하고 바라는 말이 무엇인지 찾아서 전달하면 된다. 먼저 상대방이 느끼고 있을 감정에 반응하면 된다.

"안 그래도 어깨가 축 처진 당신을 보고 깜짝 놀랐어요. 많이 지쳐 보이는데 괜찮아요?"

이 정도 반응이면 아주 훌륭하다. 그다음 상대방이 지금 이 순간 원하고 바라는 말을 찾아서 전달하면 된다. 지금 이 순간 남편이 원하고 바라는 말은 당연히 위로와 격려, 응원일 것이다. 남편의 감정을 먼저 알아차려 줬고, 그다음 이 말을 전달하면 된다.

"그래도 견뎌 주는 당신 덕분에 우리가 살아요."

"힘들다고 말해 줘서 정말 고마워요. 내가 당신의 가장 큰 위로이자 힘이 될게요."

위로와 격려, 응원의 말 아주 가까이에 치유와 회복이 있다. 상대방의 마음을 알아차리기 위해서 세심하게 반응하고, 그 마음에 공감하며, 그 사람이 지금 원하고 바라는 그 말 한마디를 해 준다면 대인관계에서 꽃이 필 것이다.

• 상대방의 감정에 미러링하기

미러링(mirroring)은 상대방의 말을 있는 그대로 따라 하면서 반영하는 대화법이다. [139] 이때 다른 말을 첨가하지 않는 게 아주 중요하다. 상대방이 한 말 그대로 돌려줘야 한다. 대인관계가 원만하고 원활할 때는 미러링이 어렵지 않다. 그런데 대인관계가 틀어져서 불편해지는 순간부터 미러링이 잘되지 않는다.

상대방의 이야기를 있는 그대로 말하면서 돌려주는 미러링을 할 때, 다양한 감정이 올라올 수 있다. 관계가 나쁠수록 부정적인 감정이 자주 출몰한다. 그래서 미러링하지 못하고, 자기 생각과 감정을 더해서 분노, 항변, 원망, 책망 등을 쏟아 놓게 된다.

상대방의 의견과 생각, 감정을 미러링해야 한다. 자신이 하고 싶은 이야기는 잠시 내려놓아야 한다. 변명하고 싶고, 왜곡된 생각을 교정해 주고 싶은 마음이 들더라도 멈춰야 한다. 오직 상대방의 말에 집중하면서 미러링해야 한다.

물론 서로 생각과 인식, 의견이 다를 수 있다. 같은 상황에서도 관점이 다르고, 해석이 얼마든지 다를 수 있다. 그때 적극적으로 자기 생각과 의견을 말하고 싶은 욕구가 올라오는데, 그것을 견뎌야 한다. 그 대신 상대방의 이야기를 여유롭고, 겸손하게 들어야 한다. 그래야 제대로 된 미러링을 할 수 있다. 생각과 인식, 의견과 견해가 달라도 충분히 존중받아야 하기 때문이다.

생각과 인식에서 그치지 말고, 감정도 미러링해야 한다. 상대방의 이야기를 잘 들어 보면 그 속에 감정이 들어 있다. 잘 듣지 않아서 들리지 않을 뿐이다. 상대방이 말하는 감정을 있는 그대로 미러링해야 한다. 외로움을 말하면 외로움을, 분노를 말하면 분노를, 기쁨과 행복을 말하면 기쁨과 행복을 미러링해야 한다.

가장 중요한 것은 상대방의 감정을 일방적으로 통제하려고 해서는 안 된다는 점이다. 한다. 그 감정의 주인은 그 사람이기 때문에 있는 그대로 미러링해야 한다. 생각과 인식, 의견과 견해가 다르다고 해서 무시하거나 평가절하하거나 면박을 줘서는 안 된다. 충분히 존중받고, 수용받고, 이해받을 수 있어야 한다. 모든 감정은 그만한 가치가 있기 때문이다. 적절한 미러링 반응은 다음과 같다.

"그 순간에 이런 생각이 들고, 이런 감정을 느꼈다는 거지?"

"내가 제대로 이해했는지 궁금해."

자기 생각을 상대방에게 강요하는 일이 많은데, 몹시 곤란하다. 그 누구든 상대방의 감정을 일방적으로 통제하고 지배할 권한이 없다. 생각과 인식, 감정을 충분히 미러링해 주면 오해를 줄일 수 있고, 대인관계 수준이 한 단계 더 성장하고 성숙할 수 있다.

아름다운 대인관계를 위한 감정 수용법

위에서 불통과 소통을 가르는 네 가지를 알아보았다. 여기에서 주목할 점이 있다. ▶말 제대로 이해하기 ▶생각과 인식의 차이 구분하기 ▶마음 알아차리고 공감하기 ▶상대방의 감정에 미러링하기, 이 네 가지 항목의 공통적인 사항은 바로 상대방의 마음, '감정'에 있다는 점이다.

그런데 의사소통 과정에서 상대방의 감정을 놓치는 경우가 왕왕 있다. 상대방의 감정을 수용하려는 모습을 아예 보이지 않는 경우도 많다. 그 이유가 다양하다. 상대방의 의사소통에 담겨 있는 사실과 정보에만 관심이 있으면 감정을 소홀히 여길 수 있다. 또 상대방의 의사소통이 온전히 수용되지 않을 때도 감정을 수용하는 게 어렵다.

상대방의 감정을 수용하려는 모습을 보이지 않는 또 다른 이유는 내 감정이 앞서기 때문이다. 내 생각과 판단, 내 감정이 앞서면 상대방의 감정을 수용할 수 없다. 상대방은 공감받고, 이해받고, 감정을 알아 달라고 메시지를 보내는데, 나는 상대방의 감정을 놓치거나 그 감정을 수용하려는 모습을 보이지 않으면 그 대인관계는 아름다울 수 없다.

그렇다면 아름다운 대인관계를 위해서는 어떻게 해야 할까? 여기서는 ▶'왜'가 아닌 '어떻게', '그렇게'로 반응하기 ▶인정하고 공감하기 ▶조망수용능력 키우기 ▶아름다운 입술로 말하기 등 상대방의 감정을 수용하는 네 가지 방법을 알아보고자 한다. 이를 활용한다면 당신의 말에 누군가는 반드시 위로받고, 격려받고, 이해받고, 수용받고, 인정받을 수 있을 것이다. 이를 통해 아름다운 대인관계를 형성하여 살리는 의사소통으로 나아갈 수 있기를 바란다.

• '왜'가 아닌 '어떻게', '그렇게'로 반응하기

동생과 형이 오늘 또 싸웠다. 동생은 울고 있고, 형은 분이 안 풀렸는지 씩씩대고 있다. 그 순간, 엄마가 등장했다.

"너 왜 맨날 동생 때리고 괴롭히니?"

서슬 시퍼런 그 말을 기어이 하고 말았다. 그 순간 큰아들이 느끼는 감정이 무엇일까? 서러움, 억울함, 분노, 짜증 등 긍정적인 감정이라고는 하나도 없을 것이다. 엄마가 큰아들의 감정을 전혀 수용하지 않았기 때문이다. 아니, 관심조차 없었기 때문이다.

그 순간 엄마가 이렇게 물었다면 어땠을까?

"동생이 어떻게 할 때 밉니?"

큰아들의 감정을 엄마가 알고 싶어 하고, 수용하려는 마음을 알고 크게 감동했을 것이다. 엄마가 그토록 싫어하는 동생과 형이 싸우는 빈도가 현격히 줄었을지도 모른다. 이처럼 상대방의 감정을 수용하는 첫 번째 방법은 "왜"가 아니라 "어떻게" 혹은 "그렇게"다.

• 인정하고 공감하기

상대방의 어떤 감정이든 세심하게 반응하고, 귀 기울이는 게 가장 좋다. 특히 예민한 감정들이 있다. 슬픔, 불안, 절망감, 수치심, 분노, 역겨움 등이 그것이다. '슬픔'은 다양한 어려움으로 인해 느끼는 심리적·정서적·생리적 반응이다. '불안'은 심리적 안정 상태가 깨진 상태를 말한다. '절망감'은 희망이 사라졌다고 느끼는 강력하고 부정적인 감정이다. '수치심'은 자기 자신에 대해 부끄러움과 창피함을 느끼는 감정이다. '분노'는 생존과 안전을 확보하기 위한 부정적이고 공격적인 감정이다. '역겨움'은 몹시 불쾌하고 혐

오스러움을 느끼는 감정이다.[140]

이 감정들에 주목해야 한다. 특히 감정은 한 가지 특징만으로 나타나지 않는다. 감정들은 서로 연결돼 매우 복합적이고 복잡한 형태를 보인다. 따라서 그 감정들에 세심하고 민감하게 반응하면서 인정하고 공감해야 한다. 그래야 비로소 감정이 인정받고, 수용받고, 이해받고, 더 나아가 위로와 격려를 경험할 수 있다.

아울러 상대방이 느끼는 감정을 함부로 평가나 재단하지 말고 있는 그대로 인정하고 공감해 주는 의사소통을 해야 한다. "그게 머 어때서?", "뭐가 그렇게 불안한데?"라는 반응은 금물이다.

"맞아. 걱정하고 당황할 수 있어!"
"불안하기도 하고, 무섭기도 하지? 사실 나도 그래."

이러한 반응이 적절하고 건강하다. 상대방은 언제나 인정받고, 수용받고, 이해받고, 공감받는 의사소통을 소망하고 있다는 사실을 잊어서는 안 된다.

상대방의 감정이 잘 이해가 되지 않고 공감되지 않더라도 잘 듣고 이해하려고 노력하는 자세가 필요하다. 무엇보다 그 감정은 내 것이 아니라 상대방의 소유임을 기억해야 한다. 상대방의 감정을 인정하고 공감하려고 애쓰다 보면, 비로소 그 사람의 진짜 마음이 보인다. 그때 주고받는 의사소통에서는 꽃향기가 날 수밖에 없다.

상대방의 마음을 온전히 얻고, 대인관계를 더욱 풍성하게 만드는 의사소통이기 때문이다.

• 조망수용능력 키우기

'내가 상대방이라면 어떨까?'라는 자세로 그 사람의 생각과 감정, 행동, 의도 등을 이해하고, 추론하며, 수용하는 태도를 '조망수용능력'이라고 한다. 다시 말해, 상대방의 입장에서 이해하고 수용하는 능력이다. 조망수용능력의 반대 개념이 '자기중심성'이다.

자기중심성에서 벗어나지 못하면 대인관계에서 크고 작은 갈등을 경험할 수밖에 없다. 자기만 생각하는 사람을 좋아하고, 이해하고, 공감하는 사람을 찾기가 어렵기 때문이다. 그래서 상대방의 입장이 되어 보는 조망수용능력이 더욱 필요하고 중요하다.

조망수용능력이 커질수록 양보하는 마음이 생긴다. 그만큼 이해의 폭이 넓어지기 때문이다. 자기중심적인 관점에서 상대방의 입장을 헤아리고 이해하고 양보하는 관점으로 전환하는 것이다. 서로의 생각과 관점이 다르지만, 그럼에도 상대방을 수용하려고 노력할 때 건강한 의사소통, 더 성숙한 대인관계를 맺을 수 있다.[141]

• 아름다운 입술로 말하기

아름다운 입술로 말하는 사람은 곁에 있기만 해도 마냥 행복하다. 어쩜 저런 말을 저렇게 예쁘게 할 수 있을까 싶기 때문이다. 그 말을 들은 사람이 크게 감동하고, 어느 순간 그 사람의 말을 따라 한다. 아름다운 입술에서 나오는 말의 힘이 그만큼 크고 강력하다. 여러 가지 아름다운 말 중에서 그윽한 향기가 나는 말 한마디로는 어떤 게 있을까?

"그럴 수도 있지."
"그럴 때도 있지."

내가 누군가에게 그 말을 해 주면 그 사람이 위로와 격려를 받고, 내가 누군가에게 그 말을 들으면 닫혀 있던 마음이 활짝 열리는 경험을 선물하기 때문이다. 특히 자녀를 양육하는 부모가 아이에게 이렇게 말해 준다면, 그 아이는 세상에서 가장 포근한 안정감과 큰 사랑을 느끼고, 그 말을 가슴에 새길 것이다.

이와 반대로 무슨 말만 하면 기분을 망치는 사람들이 있다. 지나치게 공격적이거나 부정적인 사고를 하는 사람들의 말이 그렇다. 상대방의 기분이나 상황을 전혀 고려하지 않고, 자기가 하고 싶은 말만 하는 사람도 똑같다. 상대방의 이야기를 제대로 듣지도 않고, 자기 마음대로 생각하고 판단해서 중간에 말을 끊는 사람과는 대화를 섞고 싶지도 않다. 화가 치밀어 오르기 때문이다. 그 사람과의 대화가 그 순간, 그 하루, 그 삶을 망쳐 버릴 것만 같다. 그 사람 때문에 왜 내가 기분 나빠야 하는지 모르겠다는 생각에, 필연적으로 그 관계를 끊고 싶은 마음이 들 수밖에 없다.

아름다운 입술로 말하는 사람과 기분을 망치는 대화를 하는 사람의 차이는 이렇게 크다. 더 놀라운 것은 기분을 망치는 대화를 하는 사람 대부분 자신의 대화 패턴과 방식에 심각한 문제가 있음을 인식조차 못 한다는 것이다. 그 나름의 이유가 있겠지만, 아름다운 입술로 말하는 환경에서 성장하지 못했을 가능성이 크다.

그 부모들은 서로를 비난하고 무시하고 마음에 생채기를 내는 말을 스스럼없이 했을 것이다. 형제자매들은 친밀감보다 무관심 혹은 이기적인 행동을 주로 했을 가능성이 크다. 인정하고, 수용하고, 이해하고, 배려하고, 공감하는 대화 경험이 거의 없고, 무시와 짜증, 비난과 괄시, 남 탓으로 돌리는 의사소통 환경에서 성장하면 아름다운 입술로 의사소통하는 데 큰 어려움을 겪는다.

아름다운 입술로 말하지 않고, 기분을 망치는 대화를 하는 사람들이 대인관계에서 어려움을 겪는 것이 당연하다. 대인관계의 어려움에서 끝나면 그나마 다행이다. 결국은 모두가 떠나고 혼자 고립될 가능성이 매우 크다. 그렇게 혼자 고립된 상황에서도 자기 자신을 무시하고, 비난하고, 괄시하는 의사소통을 멈추지 못할 것이다. 이 얼마나 고통스럽고 안타까운 상황인지 모른다.

지금 당장 아름다운 입술로 말하는 연습을 해야 한다. 힘들고, 어색하고, 부끄러울지라도 의도적으로 아름다운 입술로 말하는 연습을 해야만 한다. 그 효과가 금방 나타날 것이다. 하루아침에 달라진 그의 말에 누군가는 반드시 위로받고, 격려받고, 이해받고, 수용받고, 인정받을 것이기 때문이다. 아름다운 말 한마디가 천 냥 빚을 갚을 뿐만 아니라 한 사람의 인생을 긍정적으로 변화시킬 것이다.

나의 경청 수준 테스트

　'경청'은 원활하고 막힘없는 의사소통을 만드는 출발점이다. 그만큼 경청이 의사소통 과정에서 중요한 역할을 한다. 경청하지 못하면 원만하고 건강한 대인관계를 맺는 데 큰 어려움을 겪을 수밖에 없다. 아래 활동은 경청 수준을 알아보는 간단한 검사이다. 15문항으로 구성된 문제를 잘 읽고 해당하는 수준에 체크하면 된다.

● **경청 수준 테스트**[142]

1	2	3	4	5
전혀 아니다	대체로 그렇다	보통이다	대체로 그렇다	매우 그렇다

1. 나는 타인의 말 듣기를 좋아한다.	1 2 3 4 5
2. 나는 내가 커다란 관심을 보이거나 호의적으로 말하는 사람에게 보다 주의를 집중한다.	1 2 3 4 5
3. 나는 타인이 말할 때 그의 어휘력과 비언어적인 의사소통 능력을 평가한다.	1 2 3 4 5
4. 나는 정신이 산만해지지 않도록 주의한다. 주위가 산만하면 조용한 자리로 옮기자고 제안한다.	1 2 3 4 5

5. 타인들이 나로 하여금 이야기를 하지 못하게 방해할지라도 나는 그들에게 주의를 기울여 경청한다.	1 2 3 4 5
6. 타인이 말할 때에는 이야기가 끝날 때까지 기다려준다.	1 2 3 4 5
7. 나는 나와 관심사를 같이하는 사람에게 적극적으로 반응한다.	1 2 3 4 5
8. 타인의 말을 들으면서도 개인적인 생각이 오락가락한다.	1 2 3 4 5
9. 나는 타인이 말할 때 그가 전하고자 하는 바를 잘 이해할 수 있도록 상대방의 비언어적 의사소통에 깊은 관심을 표명한다.	1 2 3 4 5
10. 나는 다소 난해한 대화를 나눌 때 애써 아는 척한다.	1 2 3 4 5
11. 나는 타인의 말을 들으면서 대답할 것에 대해 골똘히 생각한다.	1 2 3 4 5
12. 나는 타인이 잘못을 저지르고 있다고 생각되면 더 충분히 설명할 수 있도록 질문을 던진다.	1 2 3 4 5
13. 나는 내 스스로 이해하지 못하더라도 상대방은 이해하도록 노력한다.	1 2 3 4 5
14. 나는 타인의 말을 청취할 때 그의 입장에서 서서 듣고 사물을 바라볼 수 있도록 노력한다.	1 2 3 4 5
15. 대화를 나눌 때 상대방의 메시지를 정확하게 이해했음을 확인시켜 주기 위해 청취한 메시지에 대해 피드백을 준다.	1 2 3 4 5

● **채점 및 결과 분석**

모든 문항의 점수를 합산해서 점수를 구한다. 총점은 75점이다. 합산 점수가 높을수록 경청 수준이 높음을 나타내는데, 점수별 경청 수준은 다음과 같다.

합산 점수	경청 수준
68점 이상	매우 높음
53~67점	높음
38~52점	평균
23~37점	낮음
22점 이하	매우 낮음

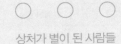

한국 축구 역사이자 영웅, 김용식

차범근, 박지성, 손흥민….

한국 축구의 영웅들을 말할 때마다 등장하는 이름이다. 그런데 그들의 이름이 존재할 수 있었던 이유 중에 이 사람이 있다. 김용식이 그 주인공이다.

김용식은 1930년대 일제강점기 축구선수였다. 경성축구단 에이스로 활약하며, 전일본선수권대회에서 우승을 차지하는 등 두각을 나타냈다. 1936년 베를린 하계올림픽에 조선인으로서는 유일하게 일본 국가대표로 출전했다. 당시 그의 축구는 조선의 자존심을 지키는 일이었고, 일본을 향한 저항이었다.

그는 연습벌레로 유명했다. '1만 일의 개인기 훈련'을 하겠다고 다짐하고, 비가 오나 눈이 오나 실천했다. 그만큼 축구 기량을 끊임없이 발전시켰다. 해방 이후에는 대한민국 축구 국가대표가 되어 1948년 런던올림픽에 출전했다. 1952년 은퇴할 때까지 그는 한국 축구의 에이스로 활약했다.

1954년에는 대한민국 축구 대표팀 감독으로 스위스 월드컵에 출전했다. 당시에는 축구를 하는 아시아 국가가 몇 안 됐다. 한국과 일본, 중국이 월드컵 출전권 한 장을 놓고 싸웠다. 그 싸움에서 대한민국이 이겼고, 아시아 최초로 월드컵 본선에 진출했다. 대한민국 축구의 첫 번째 월드컵 본선 출전도 그의 작품이다. 월드컵 본선에서 선수들에게 "한 골만 넣자!"고 한 말이 당시 힘든 시기를 겪고 있던 대한민국 국민에게도 큰 힘을 줬다.

그의 축구에 대한 사랑과 헌신은 계속됐다. 한국 축구의 기초를 다졌고, 대한축구협회 부회장과 기술지도위원장으로서 축구 발전에도 기여했다. 그의 노력과 헌신 덕분에 오늘날 한국 축구의 영광이 있다고 해도 과언이 아니다. 그는 '1만 일의 개인기 훈련'이라는 본인과의 약속을 끝까지 지켰다. 젊고 힘 있던 시절의 약속을 백발의 노인이 되어서까지 무려 27년 동안이나 지켰다. 그 약속의 힘이 그와 지금의 한국 축구를 있게 한 것이다.

4장

의사소통
오케스트라

천상의 하모니를 만드는 오케스트라의 특징이 있다. 지휘자를 중심으로 현악기, 목관악기, 금관악기, 타악기, 건반악기가 모두 제 역할을 하면서 조화를 이룬다는 점이다. 어느 악기 하나라도 자신만 돋보이려 한다면 천상의 하모니를 만들어 낼 수 없다. 그 합과 조화가 천상의 하모니를 만드는 비결이다.

아름다운 의사소통도 마찬가지다. 자존감과 의사소통 자세와 기술 등이 모두 제 역할을 하면서 조화를 이뤄야 건강하고 적절한 의사소통을 할 수 있다. 어느 것 하나라도 모자라거나 치우치면 아름다운 의사소통이 절대 만들어지지 않는다. 이 의사소통 오케스트라에서 자존감이 바로 지휘자 역할을 한다.

의사소통 오케스트라가 연주하는 천상의 하모니가 대인관계를 성공적으로 이끈다. 의사소통 오케스트라가 천상의 하모니를 연주하는 장(場)은 대인관계이고, 대인관계를 성공적으로 이끄는 기술을 '대인기술' 혹은 '사회적 기술'이라고 부른다.[143]

좋은 관계를 맺는 대인기술의 핵심

대인기술은 자신과 타인이 추구하는 대인관계의 목표를 달성하는 데 그 목적이 있다. 자신의 권리와 요구, 만족 등을 타인과의 관계 속에서 얻어 내는 동시에 타인의 권리와 요구, 만족 등을 손상하지 않는 능력을 말한다. 자신의 의도를 상대방에게 정확하게 전달하는 동시에 상대방의 의도를 정확하게 파악하는 능력을 포함한다. 궁극적으로 나와 타인의 권리와 요구 등을 만족하는 결과를 가져오게 한다.

대인기술의 핵심이라 할 수 있는 의사소통은 '언어적 메시지'와 '비언어적 메시지'로 구성되는데, 대인관계에서 이를 얼마나 적절하고 건강하게 구사하느냐에 따라 그 적절성과 효과가 결정된다.

• 언어적 의사소통
언어적 의사소통은 직접적인 의사전달 방법이다. 발신자가 정보, 감정, 생각 등이 담긴 메시지를 수신자에게 언어로 직접 전달하는 과정이다.

언어적 의사소통 과정에서는 비교적 오류가 발생할 확률이 낮을 것 같지만, 꼭 그렇지도 않다. 인상과 선입견, 감정 상태, 인지 기능, 사회·문화적 요인 등의 영향에 따라 언어적 의사소통 과정에서도 오류가 생길 가능성이 크다. 또 수신자가 발신자의 의도를 왜곡하거나 오해해도 오류가 생길 수 있다. 의사소통의 해석은 수신자의 몫이라는 것을 잊어서는 안 된다. 이외에도 발신자의 지나치게 작은 목소리, 불분명한 발음 등의 영향으로 언어적 의사소통 과정에서 오류가 날 수 있다.[144]

한 가지 예를 들어 설명해 보자. 친구랑 밤늦게까지 놀다 귀가한 아들이 있다. 엄마가 잠도 자지 않고 한참을 거실에서 기다리고 있었다. 시간이 한참 지난 후에 집에 돌아온 아들을 만났다. 그리고 그 살벌한 분위기 속에서 대화가 시작됐다.

아들: 엄마, 제가 조금 늦었어요.
엄마: 나가!

이때 아들이 정말 집 밖으로 나간다면 무슨 일이 벌어질까? 모르긴 해도 지금보다 훨씬 심각한 갈등 상황이 펼쳐질 것이다. 그렇다면 아들은 어떻게 행동해야 할까? 엄마의 말씀 그대로 따르자니 갈등이 더 심각해질 것이고, 그렇다고 아무 말도 아무런 행동도 안

하자니 그것도 이상하게 여겨질 것이다.

이 장면에서는 의사소통의 오류가 발생할 가능성이 매우 크다. 상대방에게 언어적 메시지로 표현을 했는데도 말이다. 언어적 의사소통 과정에서 생긴 오류가 분명하다. 그 이유는 간단하다. 엄마가 '이중 메시지'를 던졌기 때문이다. 엄마의 입술로 표현한 언어는 "나가!"인데, 실제 엄마가 원하는 행동이나 대답은 그게 아니다. 겉과 속이 다른 '이중 메시지'가 이 난처한 장면을 만든 것이다.

이처럼 발신자가 원하는 정보 혹은 감정을 언어적 의사소통으로 명확하게 전달하지 않으면, 수신자의 해석에 따라 그 의사소통의 적절성과 효과성이 완전히 달라질 수 있다.

• 언어적 의사소통 오류를 부르는 요인들

언어적 의사소통 과정에서 오류를 부르는 몇 가지 요인들이 있다. 인상과 선입견, 상대방에 대한 감정 상태, 인지기능, 사회·문화적 요인 등이 그것이다.

그 사람에 대한 인상과 선입견이 언어적 의사소통의 오류를 불러올 수 있다. 인상과 선입견은 '직접 경험하지 않은 상태에서 그 사람에 대해서 미리 마음에 굳어진 견해'를 의미한다.[145] 사실 우리는 상대방의 말을 들어 보지도 않고 미리 판단하거나 평가하고, 인상과 선입견에 따라 해석하는 경향이 짙다. 주의할 필요가 있다.

상대방에게 가지고 있는 나의 감정 상태도 언어적 의사소통 과정에 영향을 미친다. 지금 내가 느끼는 감정의 모양에 따라 상대방을 너른 품으로 이해하고 수용할 때가 있고, 아무것도 아닌 일에 괜히 화를 내거나 무시하는 행동을 보일 때도 있다. 상대방에게 내가 가지고 있는 감정 상태에 따라 원활하고 건강한 의사소통을 하기도 하고, 불통 그 자체의 의사소통을 하기도 한다.

인지기능도 의사소통에 영향을 미치는 요인이다. 심리학자 장 피아제는 인지기능에 대해 다음과 같이 정의했다.

> "인지기능이 환경과 상호작용하는 적응 과정에서 정보를 능동적으로 선택하고 해석해서 지식을 구성하게 한다."[146]

이는 감각과 지각, 기억, 개념화, 추론, 인지 유연성 등의 인지기능이 그 개인은 물론이고, 대인관계에서 의사소통과 의사결정에 관여한다는 의미다. 인지기능이 정보 처리, 의사결정과 문제 해결 능력을 담당하기 때문이다.[147]

언어적 의사소통 과정에서 인지기능은 내가 가지고 있는 정보와 생각, 감정 등을 다른 사람에게 효과적으로 전달하는 능력으로 나타난다. 특히 언어적 의사소통 과정에서는 '주의력'과 '집중력'이 요구된다. 상대방과의 대화에서 주의력과 집중력을 보인다면 분명 더 나은 의사소통 결과를 얻을 수 있기 때문이다.

기억도 의사소통에 영향을 미치는 중요한 인지기능이다. 정보와 경험 등을 떠올리고, 다시 출력하는 과정에서 기억이라는 인지 기능이 활용된다. 더불어 '인지 유연성'도 의사소통 과정에서 매우 중요한 역할을 한다. 인지 유연성이 상황과 대상의 필요에 따라 의사소통 방식을 조절해 주기 때문이다. 인지 유연성이 상대방의 눈높이에 맞는 정보와 감정 등을 전달하는 의사소통이 가능하게 만들기 때문이다. 누구와도 원활하고 원만한 의사소통을 원한다면 인지 유연성을 활용할 수 있어야 한다.

예를 들어 아이에게 어른의 시각과 마음으로 의사소통하고자 한다면 불통이 생길 수밖에 없다. 질풍노도 시기 청소년을 여전히 아이처럼 바라보며 의사소통하고자 한다면 실패가 뻔하다. 인지 유연성을 바탕으로 상대방의 눈높이에 맞는 의사소통을 연습하고, 구사해야 한다.

사회·문화적 요인도 의사소통의 방식과 내용에 영향을 줄 수 있다. 그 개인이 소속된 환경의 분위기가 의사소통 방식에 영향을 주기 때문이다. 자유롭게 자기 생각과 의견을 주장할 수 있는 문화가 있고, 지나치게 경직되어서 자기 생각과 의견을 도무지 말할 수 없는 환경도 있다. 부모의 의견에 전적으로 따르는 게 하나의 가족 규칙인 가정도 있다. 질서를 유지하되, 민주적으로 자기 생각과 의견을 자유롭게 주장할 수 있는 분위기와 문화가 원활하고 건강한 의사소통을 만드는 데 훨씬 효과적이다.

원활하고 건강한 의사소통의 숨은 조력자

언어적 의사소통 외에 원활하고 건강한 의사소통을 만드는 숨은 조력자가 있다. 바로 비언어적 의사소통이다. 비언어적 의사소통은 말 그대로 '비언어적 메시지로 자신의 의사와 감정을 전달하는 방식'이다. 그 사회의 문화와 정서에 따라 언어적 의사소통이 강하거나 비언어적 의사소통이 강한 경향이 나타난다. 한국 사회는 비교적 비언어적 의사소통이 강하다고 할 수 있다.[148] 대표적인 비언어적 의사소통에는 ▶표정 ▶눈 맞춤 ▶몸짓(동작)과 자세 ▶신체적 접촉(스킨십) ▶심리적 거리와 물리적 거리 등이 있다.

• 표정

표정에는 그 사람이 느끼는 감정이 담겨 있다. 웃음을 지으면 상대방에 대한 호감이나 만족감을 표현하고, 찡그리거나 험한 인상을 지으면 상대방에 대한 분노나 불쾌감을 나타낸다. 표정은 언어적 표현의 의미를 비교적 정확하게 해석하도록 도와주기도 한다.

의도와 상관없이 표정에 감정이 담는 경우가 있고, 표정에 드러나는 감정을 조절해야 하는 상황도 있다. 감정을 겉으로 드러내지 않아야 할 때가 있고, 감정을 더욱 분명하게 드러내야 하는 경우도 있다. 상황과 필요에 따라 표정을 조절하는 능력이 중요한 비언어적 의사소통 기술 중 하나다. 상대방의 표정을 잘 읽어 내는 것 또

한 중요한 능력이다.

• 눈 맞춤

눈 맞춤(eye contact)은 상대방에게 관심을 표현하는 수단 중 하나다. 내가 당신에게 관심이 있고, 당신의 이야기를 귀 기울여 듣고 있다는 비언어적 메시지를 보내는 가장 손쉬운 방법의 하나다.

눈 맞춤에도 기술이 있다. 상대방의 눈빛과 눈을 마주치는 위치와 시간에 따라 다양한 의미가 생기기 때문이다. 강렬한 눈빛은 눈 주위 근육의 움직임과 표정에 따라 애정 어린 눈빛이 될 수도 있고, 적의를 담은 눈빛이 될 수도 있다. 또 상대방과 눈을 마주치는 위치가 적절하지 않거나 지나치게 오래 쳐다보면 자칫 오해를 살 수 있다. 눈 맞춤을 거의 하지 않거나 회피하는 경우가 있는데, 상대방에게 불신을 쌓는 결과를 가져올 가능성이 크다.

적절하고 효과적인 눈 맞춤은 시선 처리가 매우 중요하다. 상대방의 눈을 지나치게 빤히 쳐다보거나 눈 맞춤을 하지 않을 경우, 자칫 어색하거나 불편한 장면이 연출될 수 있기 때문이다. 눈 맞춤을 하지 않을 경우, 자신감이 없거나 상대에게 무관심한 사람으로 비칠 수 있다. 상대방을 지나치게 빤히 쳐다보는 행동은 무례한 행동으로 여겨져 갈등이나 싸움을 유발할 수도 있으니 특히 조심해야 한다.

따라서 상대방과 대화할 때는 적절하고 그윽하게 상대방과 눈을 마주치고, 가끔 얼굴을 쳐다보기도 하고, 눈을 깜빡이기도 하며, 때로는 눈빛을 다른 곳에 두었다가 다시 눈을 마주치는 패턴을 이어 가는 게 효과적이다.[149]

• 몸짓(동작)과 자세

의사소통 과정에서 몸짓(gesture)의 역할이 얼마나 크고 중요한지 모른다. 의사소통 과정에서 몸짓은 말의 효과를 더하기 위한 동작이나 손짓을 말한다. 우리 몸의 움직임만으로도 얼마든지 상대방에게 메시지를 전달할 수 있다는 의미다. 손을 번쩍 들거나 주먹을 불끈 쥐면 자신의 이야기를 강조하는 것이고, 손을 젓거나 고개를 좌우로 강하게 흔들면 상대방의 의견에 반대한다는 의사를 표현하는 행동이다. 고개를 끄덕이는 것은 상대방의 이야기를 듣고 있고, 공감한다는 의미를 내포하고 있다.

때와 장면, 상황과 상대방에게 보이는 몸짓을 적절하게 사용하면 의사소통의 효과와 적절성을 배로 높이는 역할을 할 수 있다. 그러나 몸짓이 지나치면 괜한 오해를 불러일으킬 수 있다. 자칫 상대방을 무시하거나 경멸하는 메시지로 해석될 수도 있으므로 주의가 필요하다.

[의사소통 시 지양해야 할 몸짓]

물리적 거리를 두려고 한다.

다른 곳을 쳐다본다.
괜히 딴청을 피운다.
팔짱을 낀다.
다리를 꼰다.
몸을 지나치게 뒤로 젖힌다.

상대방에게 보이는 의사소통 자세도 매우 중요한 역할을 한다. 상대방에게 호감이나 관심이 있으면 자연스럽게 그 사람을 향해 몸을 기울이게 된다. 반대로 상대방에게 호감이나 관심이 없으면 물리적 거리를 두려고 하고, 다른 곳을 쳐다보거나 괜히 딴청을 피우는 행동이 나타나기 마련이다. 상대방과 의사소통하는 장면에서 팔짱을 끼거나 다리를 꼬고, 몸을 지나치게 뒤로 젖히거나 다른 곳을 바라보는 자세와 행동은 매우 큰 결례다. 몹시 무례하고 불쾌한 감정이 상대방에게 전달될 수 있다.

원활하고 건강한 의사소통을 원한다면 상대방을 향해 적절하게 몸을 기울이고, 가끔 고개를 끄덕이면서 상대방의 이야기를 경청하고 있음을 나타내야 한다. 내 생각과 의견을 제시할 때는 손짓과 몸짓, 눈빛을 적절하게 사용하면서 자신감을 내보일 필요도 있다. 그래야 상대방의 신뢰와 마음을 얻을 수 있다.[150]

• 신체적 접촉(스킨십)

신체적 접촉도 상대방에게 여러 감정을 나타낸다. 대표적으로 신체적 접촉은 친밀감을 내보인다. 친밀한 사이에는 서로 손을 잡거나, 몸을 기대고, 어깨동무를 하기도 한다. 서로의 몸과 몸을 접촉하는 것이 친밀감을 표현하는 직접적인 방법이기 때문이다. 신체 접촉은 상대방과 나와의 애정을 나타내기도 한다. 연인들은 팔짱을 끼고 포옹을 하는 등 신체 접촉을 통해서 서로를 향한 사랑을 확인한다. 이외에도 어른이 아이의 머리를 쓰다듬거나 등을 두드리는 신체 접촉은 격려와 응원의 메시지를 줄 수 있다.[151]

• 심리적 거리와 물리적 거리

'눈에서 멀어지면 마음에서도 멀어진다.'는 말이 있다. 그만큼 심리적 거리와 물리적 거리가 대인관계에서 차지하는 비중이 크다는 의미다. 가까운 사람은 가까이 두고 싶고, 낯선 사람과는 일정 거리를 두고자 하는 것도 심리적 거리와 물리적 거리의 관계를 나타낸다. 그 사람과의 친밀감 수준에 따른 만들어지는 물리적 거리가 나에게 안정감을 가져다주기 때문이다.

그림 검사를 통해 가족 간의 심리적 거리를 측정하는 것도 이와 같은 원리다. 심리적으로 거리가 먼 사람일수록 물리적으로 표현된 거리가 떨어질 수밖에 없기 때문이다. 따라서 심리적 거리와 물리적 거리에도 비언어적 메시지가 담겨 있다고 할 수 있다.[152]

천상의 하모니를 위한 의사소통 필수 기술

어떤 사람은 다른 사람과 좋은 관계를 맺는 대인기술을 가지고 있는 반면, 어떤 사람은 적절하고 건강한 대인기술이 없어서 애를 먹는다. 그렇다면 대인관계의 장에서 어떠한 기술을 갖고 있어야 원활하고 건강한 의사소통을 할 수 있을까? 의사소통 오케스트라가 대인관계에서 천상의 하모니를 연주하도록 제 역할을 하는 기술들을 알고, 실천해야 한다. 대인관계에서 발현되는 의사소통의 필수적인 기술로서 ▶ 적극적 경청과 심층적 공감 ▶ 좋은 질문 ▶ 설명과 자기 공개 ▶ 유머 ▶ 나 전달법(I-Message)을 살펴보자.

• 적극적 경청과 심층적 공감

경청과 공감은 아무리 강조해도 지나침이 없다. 의사소통 오케스트라에서 경청과 공감이라는 악기를 빼놓을 수 없는 것도 그 때문이다. 의사소통의 궁극적인 목적은 상대방과 원활하게 소통하는 것이다. 이 과정에서 상대방의 메시지에 주의를 기울이고, 관심과 흥미가 있음을 나타내며, 상대방의 메시지를 정확하게 이해하려는 경청과 공감이야말로 의사소통의 모든 장면에서 필요하고 중요하다.

경청과 공감의 공통점이 있다. 상대방의 이야기를 잘 듣고, 가슴으로 느끼고 나서 그 핵심 메시지를 상대방에게 돌려주는 것이다.

핵심 메시지가 겉으로 드러나는 경우가 있고, 드러나지 않는 경우도 있다. 이때 필요한 것이 겉으로 드러나지 않은 핵심 메시지를 찾아내서 상대방에게 돌려주는 적극적 경청과 심층적 공감이다.

적극적 경청과 심층적 공감 과정에서 특히 주의해야 할 게 있다. 주인공은 내가 아니라 상대방이라는 점이다. 상대방의 경험과 행동, 그리고 감정을 경청하고 공감해야 한다. 내 생각과 이성, 세계관과 시각으로 상대방의 이야기를 해석하고, 상대방에게 해결책을 제시하고, 내 의견을 따를 것을 강요해서는 안 된다. 상대방의 입장에서 들어 주고, 느껴 주고, 돌려줘야 한다. 바로 그것이 적극적 경청이자 심층적 공감이다.

경청과 공감에도 수준이 있다. 인습적 수준, 기본적 수준, 심층적 수준이 그것이다. 인습적 수준은 상대방이 말하고 있는 것조차 제대로 들어 주지 못한다. 핵심 메시지를 되돌려주기는커녕 상대방이 겉으로 표현하는 메시지조차 제대로 해석하지 못하는 수준이다.

기본적 수준은 상대방이 말하는 내용 그대로 들어 주는 것이다. "엄마 나 배고파."라고 하면 "배고프구나."라고 반응하는 게 기본적 수준이다. 사실 기본적 수준의 경청과 공감만 해도 상대방의 말 때문에 기분 나쁘고, 마음 상하는 일이 상당히 줄어들 것이다. 그럼에도 기본적 수준의 경청과 공감조차 하지 못하는 경우가 많다.

그다음이 심층적 수준이다. 겉으로 드러난 메시지에는 표현되지 않았지만, 그 이면에 숨어 있는 상대방의 감정과 생각마저 포착해서 돌려주는 경지다.

다음의 상황에서 인습적 수준, 기본적 수준, 심층적 수준의 경청과 공감은 어떻게 표현되는지 살펴보자. 학원 갔다 온 아들이 집에 들어섰다. 거실에 있는 엄마에게 배고프다고 말하는 상황이다.

[인습적 수준의 경청과 공감]

아들: 엄마, 나 배고파요!

엄마: 왜 나만 보면 밥 타령이야!

[기본적 수준의 경청과 공감]

아들: 엄마, 나 배고파요!

엄마: 배고프다고?

[심층적 수준의 경청과 공감]

아들: 엄마, 나 배고파요!

엄마: 오늘 학교에서 종일 공부하고 학원까지 다녀오느라 몹시 힘들었지? 당연히 배가 많이 고플 거야. 너 좋아하는 맛있는 음식을 먹고 싶다는 거지?

적극적 경청과 심층적 공감을 만드는 자세가 있다. 바로 '관심'

이다. 상대방에게 관심을 가지면 그 사람의 이야기가 궁금하고, 그 궁금증이 적극적 경청과 심층적 공감을 만들어 낸다. 여기에 "응! 그렇구나." 등의 언어적 반응과 고개를 끄덕이는 등의 비언어적 반응이 더해지면 금상첨화다.

적극적 경청과 심층적 공감을 위한 또 다른 준비는 '알아차림'이다. '지각'이라고 한다. 상대방이 느끼고 생각하는 것을 알아차려 주는 것이다. 이때 중요한 것은 알아차리는 척하는 게 아니라 진짜 그렇게 느끼고 생각하는 '진실성'이다.

내가 상대방의 관점과 상황이 되어 보면 그 사람이 느끼는 감정과 행동, 정서를 마치 나의 것인 것처럼 느낄 수 있다. 상대방이 무엇을 경험하고, 무엇을 느끼고, 무엇을 원하는지를 명확하게 포착할 수 있다. 상대방이 이야기하는 내용 이면에 숨어 있는 핵심 경험과 행동, 감정을 정확하게 포착할 수 있다.

상대방의 메시지를 확인하는 과정도 필요하다.

"당신의 이야기를 들어 보니 그 일 때문에 몹시 속상하다는 거죠?"
"제가 이해한 게 맞나요?"

이 과정을 '재진술'이라고 한다. 이 과정을 모두 마치고 나서 '핵심 메시지 진술을 만들어서 상대방과 교환하는 것'이 바로 적극적 경청, 심층적 공감이다.

• 좋은 질문

질문은 상대방의 생각이나 의견을 묻는 행위다. 내가 알고자 하는 바를 얻기 위한 물음을 의미한다. 또 질문은 주위를 환기하고, 동기유발 목적으로도 얼마든지 사용할 수 있다. 정보를 얻고, 상대방의 의견을 물으며, 나의 욕구나 필요를 얻는 의사소통의 핵심 기법이라고 할 수 있다.[153]

질문의 종류가 다양하다. 개방적 질문, 폐쇄적 질문, 확장형 질문, 단답형 질문, 직접적 질문, 간접적 질문 등이 그것이다.

- 개방적 질문: 질문에 대한 범위가 무척 넓어서 응답자가 피드백을 제공하도록 요청한다. 대답이 길고, 풍부하게 나오도록 유도한다. (예: "주말을 어떻게 보냈는지 궁금하구나.")

- 폐쇄적 질문: 이미 구성된 답변을 선택하게 해서 응답자 고유의 생각이나 감정 등을 폭넓게 답변하기가 어렵다. (예: "짜장면 먹을래? 짬뽕 먹을래?")

- 확장형 질문: 정해진 답변을 요구하지 않고, 응답자의 사고력과 창의적인 답변을 요청한다. (예: "네가 가장 좋아하는 게 무엇이니?")

- 단답형 질문: '예' 또는 '아니오'라는 답변을 유도하는 닫힌 질문 형태이다. 즉각적으로 정보를 얻는 장점은 있지만, 응답자의 정서와 감정 등을 알아차리기는 매우 어렵다. (예: "그래서 네가 원

하는 것은 쉬고 싶다는 거지?")

- 직접적 질문: 얻고자 하는 정보를 직접적으로 물어서 알아차리
는 질문 형태이다. 분명하고 정확한 정보를 알아차리는 데 장점
이 있다. 하지만 상대방의 마음을 불편하게 하거나 다치게 할
위험도 있다. (예: "남편이 싫어서 이혼하고 싶다는 거죠?")
- 간접적 질문: 원고자 하는 정보를 얻는 과정에서 혹여나 상대방
이 불쾌하거나 대답하기 어려울 수 있는 질문 내용을 우회적으
로 표현하는 질문 형태이다. (예: "남편과의 갈등으로 마음이 불편하
고 힘들다는 거지요?")

질문의 순기능은 상대방의 대답이 개방적이고 확장되는 것이
고, 역기능은 폐쇄적이고 단답형 대답이 돌아오는 것이다. 상대방
에게 지식과 정보를 얻고자 직접 질문하는 경우가 많은데, 대인관
계에서는 간접적 질문이 순기능을 할 때가 더 많다.

질문의 기술도 있다. 한 번에 한 가지만 묻기, 상대방에게 답변
할 시간을 주기, 긍정적인 답이 나오도록 하기, 주제에서 벗어나
거나 논란거리가 될 만한 질문은 하지 말기 등이 그것이다. 문제는
'왜'로 시작하는 질문이다. 이 질문은 지양해야 한다. '왜'라는 질문
을 받은 당사자도 그 이유를 모를 때가 많고, 왠지 취조당하는 느
낌을 줄 수 있기 때문이다.

좋은 질문, 곧 개방형 · 확장형 질문을 하는 방법은 생각보다 간

단하다. '왜'가 아니라 '어떻게'라고 물으면 된다.

> *"동생이 어떻게 할 때 밉니?"*
> *"내가 어떻게 이야기하면 네 마음이 상하지 않겠니?"*

특히 상대방에게 의사를 물을 때는 긍정적인 답변이 돌아오도록 해야 한다. 긍정적으로 끝나는 질문을 하면, 상대방에게서 긍정적인 답변이 돌아온다.

> *"~해도 되지요?"*
> *"반찬 더 주시겠어요?"*
> *"이 모자 써 봐도 되지요?"*

• 실명과 자기 공개

설명은 정보와 의견을 상대방에게 정확하고 신속하게 제공하는 의사소통 기술이다.[154]

상대방에게 무엇인가 설명할 일이 왕왕 있다. 그런데 많은 경우 상대방에게 필요한 정보와 의견을 제시하는 설명 과정에서 갈등을 빚는다. 갈등을 빚지 않는 설명을 위한 몇 가지 방법이 있다.

먼저 설명하는 상황과 대상을 충분히 고려해야 한다. 상황과 대상에 따라 설명하는 방식이 달라져야 하기 때문이다. 설명을 듣는 사람의 눈높이도 맞춰야 한다. 상대방의 이해 수준에 맞춰 설명하는 게 친절이다. 설명할 내용과 순서, 방식 등을 미리 계획하고 준비하는 것도 필요하다. 상대방에게 설명할 내용을 메모하거나 머릿속에 정리하는 과정과 노력이 많을수록 효과적이다.

상대방에게 설명할 때는 내용을 간결하면서도 분명하게, 정확하면서 체계적으로 표현해야 한다. 장황하고, 불분명하며, 비논리적인 설명은 상대방이 이해하기도 어렵고, 그 사람을 설득할 수도 없다. 보조적인 설명 도구를 활용하는 것도 좋은 방법이다. 여러 사람 앞에서 발표하는 경우에는 시각적 자료를 활용하는 것이 효과적이다.[155]

자기 공개는 개인적인 정보를 상대방에게 의도적으로 노출하는 의사소통 기술이다. '자기노출', '자기 공개', '자기표현'이라고도 한다. 자신이 지금 무엇을 생각하고, 느끼고, 고민하는지 또는 과거에 어떤 경험을 하고, 어떤 생각을 품었는지 등을 솔직하게 표현하는 의사소통 기술이다.[156]

상대방이 어떤 사람인지 잘 알지 못하는 상태에서는 그 사람에게 친밀감과 신뢰감을 느끼지 못한다. 그러나 상대방을 잘 알게 되면 그 사람을 이해할 뿐만 아니라 그의 행동을 예측할 수 있어서 편안함을 느낀다. 이때 상대방에게 나를 공개하면서 친밀감과 신뢰감을 느낄 수 있다. 의사소통 과정에서 자기 공개를 많이 할수록 상대방과 친밀해지고, 친밀한 사이일수록 자기 공개 양이 증가한다.

그러나 자기 공개는 상대방과 균형을 이룰 때 순기능을 한다. 한 사람은 자기 공개를 하는데, 상대방은 자기 공개를 잘 하지 않으면 친밀감 형성을 비롯한 순기능을 경험하기가 어려울 수 있다.

속도도 중요하다. 상대방과의 친밀감 수준, 상대방의 심리적 속도에 맞춰 자기 공개가 이루어질 때 순기능이 나타난다. 자기 공개가 일방적이고, 그 속도가 지나치게 빠르거나 그 내용이 너무 많으면 자칫 상대방이 부담을 느껴 관계에 균열이 생길 수 있다. 바람직한 속도와 방법으로 자기 공개를 해야 한다.

• 유머

대인관계에서 유머가 가져다주는 유익이 참 많다. 유머는 대인관계의 긴장감을 해소하는 역할을 한다. 친밀감이 형성되기 전에 자칫 딱딱하고 서먹한 인간관계를 편안하고 유쾌하게 만드는 분위기를 조성한다.

상대방의 감정과 기분을 상하게 하는 수준 낮은 농담과 유머는 그 차이가 상당하다. 수준 낮은 농담이 오히려 대인관계를 망친다면, 유머는 긴장과 어색함을 풀고, 친밀함을 쌓는 윤활유 역할을 한다. 유머를 구사할 때는 때와 장소를 가려야 한다. 때와 장소, 상대를 가리지 못하는 유머는 수준 낮은 농담이 될 수밖에 없다.[157]

유머 있는 사람을 싫어하는 이가 없을 것이다. 때와 장소, 대상에 맞춰 적절하게 주위를 환기하고, 긴장을 풀어 주는 유머는 연습을 통해 습득할 수 있다. 유머러스한 사람들에게 들은 유머와 재치 있는 인사말 등을 잘 기록해 두었다가 적절하게 활용하는 것도 좋은 방법이다.

유머는 같은 내용이라도 어떤 사람이 어떻게 사용했느냐에 따라 그 유쾌함 정도가 달라지기도 한다. 유머러스한 사람을 곁에 두고 잘 관찰하면서 그 내용을 기록해 두었다가 적절한 때와 장소에서 활용한다면, 친밀감을 쌓는 데 매우 효과적이다.

• 나 전달법(I-Message)

나 전달법은 앞장에서도 언급한 것처럼, 나를 주어로 상대방의 행동과 상황에 의해서 내가 겪은 구체적 사실과 감정을 적절하고 건강하게 전달하는 의사소통 방법이다.[158] 상대방을 비난하거나 탓하지 않으면서 내가 느끼고 경험한 상황과 감정을 숨기지 않고 건강하게 표현할 수 있어서 '나도 좋고, 너도 좋은 대화법'이라고 할 수 있다.

나 전달법(I-message)의 반대가 너 전달법(You-message)이다. '너'를 주어로 시작하는 대화인데, 상대방을 비난하고, 무시하고, 탓하면서 결국 다툼에 이르게 하는 의사소통이다. 나 전달법과 너 전달법 대화는 그 내용부터 결과까지 하늘과 땅 차이다.

친구가 약속 시간에 두 시간이나 늦었다. 지난번에도 늦더니 오늘 또 늦었다. 헐레벌떡 달려오는 친구가 내 앞에 드디어 나타났다.

[너 전달법(You-message) 대화]

나: 너는 한두 번도 아니고 약속할 때마다 늦는 이유가 뭐야? 내가 만만하냐?

친구: 늦은 건 미안해. 근데 말이 너무 심하잖아!

[나 전달법(I-message) 대화]

나: 나는 네가 약속 시간에 많이 늦어서 몹시 화가 나고 속상했어. 한편으로는 걱정도 되더라.

친구: 정말 미안해. 이제 다시는 늦지 않을게. 정말 미안해.

앞서 살펴본 언어적 의사소통, 비언어적 의사소통, 적극적 경청과 심층적 공감, 좋은 질문, 설명과 자기 공개, 유머, 나 전달법(I-Message)은 의사소통 오케스트라의 단원들이다. 어느 것 하나 중요하지 않은 게 없다. 의사소통 오케스트라 단원들이 모두 제 역할을 하면서 조화를 이룰 때 비로소 막힘없고 건강한 의사소통, 나아가 아름다운 대인관계를 만들 수 있다.

적극적 경청과 심층적 공감, 좋은 질문과 나 전달법 연습

　　대인관계에서 어려움을 겪는 가장 큰 이유는 내 생각과 감정을 적절하고 건강하게 표현하면서 상대방의 마음을 다치지 않게 전달하기가 매우 힘들기 때문이다. 아래의 의사소통 기술들이 바로 그 어려움에서 벗어나도록 도와줄 것이다. 진지하고 충실하게 연습해서 일상에 적용했으면 좋겠다. 훨씬 원만하고 풍성한 대인관계를 맺을 수 있을 것이다.

● 적극적 경청

"어머니가 연락도 없이 갑자기 오신대?"

- 인습적 수준: "왜 그게 어때서! 우리 엄만데!"
- 기본적 수준: "응. 어머니가 연락도 없이 갑자기 오신대."
- 심층적 수준: "당신 무척 당황했지? 미리 말씀이라도 하고 오시면 당신이 이렇게 당황하고 갑작스럽지 않을 텐데 말이야."

"여행 갈 준비 다 했는데 갑자기 못 간다고 하면 어떡해?"

- 인습적 수준: "그럼 어떡해! 사정이 그런걸. 그게 내 잘못이야?"
- 기본적 수준: "응, 갑자기 못 가게 됐어!"
- 심층적 수준: "실컷 기대하고 설레면서 준비까지 다 했는데 갑자기 여행을 못 가게 돼서 무척 속상하지?"

● 심층적 공감

"버스가 제시간에 오지 않아서 어쩔 수 없이 지각하게 되었어요."
- 인습적 수준: "또 핑계지? 너는 매번 그러더라!"
- 기본적 수준: "버스가 안 와서 늦었다는 거지?"
- 심층적 수준: "얼마나 당황하고 놀랐니?"

"아무리 제가 잘못했다고 해도 아빠의 그런 말과 행동은 너무 심한 것 같아요."
- 인습적 수준: "어디 버르장머리 없이 아빠한테!"
- 기본적 수준: "아빠의 말과 행동이 심하다고?"
- 심층적 수준: "너도 이제 다 컸는데 아빠가 말과 행동을 함부로 하는 것 같아서 무시당하는 것 같고, 속상했다는 거지?"

● 좋은 질문

"옷 가게에 갔더니 마음에 드는 모자가 있을 때"
- 좋은 질문: "저기 예쁜 모자 한번 써 봐도 되지요?"

"동생과 심하게 다투고 있는 큰애를 보고"

- 좋은 질문: "무척 화가 나고 속상해 보이는구나. 동생이 어떻게 할 때 밉고 화가 나니?"

● **나 전달법(I-message) 연습**

"약속 시간에 두 시간이나 늦은 친구에게"

- 너 전달법(You-message): "너는 약속할 때마다 늦더라! 나 무시하니?"
- 나 전달법(I-message): "나는 네가 약속 시간에 늦으니까 무슨 일이 있는 건 아닌지 걱정도 되고, 화도 나더라."

"무리한 부탁을 하는 친구에게"

- 너 전달법(You-message): "너는 왜 나한테만 무리한 부탁을 하는 거야? 내가 우스워?"
- 나 전달법(I-message): 나도 네 부탁을 들어주고 싶지만, 그 일은 내가 해 줄 수 없을 정도로 크고 힘들 것 같아."

용기 있는 고백,
가수 장재인

그 누구라도 성범죄 피해 사실을, 그것도 여자 가수가 고백하는 일은 쉽지 않을 것이다. 그러나 그녀는 "더는 이런 일에 수치심을 가지는 사람이 없었으면 좋겠다."고 밝히며 자신의 성범죄 피해 사실을 당당하게 털어놨다.

그 주인공은 가수 장재인이다. 그녀는 자신의 SNS에 10대 시절 겪었던 성범죄 피해 사실을 고백했다. 그 무겁고 무서운 이야기를 꺼내기까지 무려 11년이나 걸렸다며 운을 뗐다. 그 일로 인해서 17살 때 발작했고, 18살에는 극심한 불안증과 호흡곤란, 불면증과 섭식 장애까지 더해졌다고 밝혔다. 막상 말하고 나니까 후련하다고, 오늘 일을 후회하지 않을 거라며 그저 고맙다는 심경도 밝혔다.

그녀가 성범죄 피해 사실을 공개적으로 고백한 이유가 무엇일까? 자신과 같은 일을 겪은 사람들도 자신과 같은 생각과 마음이기를 소망했기 때문이다. 그녀는 이렇게 고백했다.

"나랑 똑같은 일을 겪고도, 다른 아픈 일을 겪고도 딛고 일어나

멋지게 노래하는 가수들을 보면서 버텼다. 내가 그랬던 것처럼, 내가 받은 그 용기를 조금만이라도 전할 수 있다면 그 사건들도 의미가 생기지 않을까? 이런 생각이 최악의 상황에서 나를 붙잡았던 것 같고, 지금도 그럴 수 있다면 참 마음이 좋겠다."

가수 장재인이 성범죄 피해를 겪고 1년 뒤 범인이 잡혔다고 한다. 범인은 또래 남자였다고 하는데, 그 아이 역시 다른 아이들의 괴롭힘으로 인해 그렇게 됐다는 사실을 알고 괴로웠다고 했다. 그때 만약 "이 일이 생긴 건 네 잘못이 아니야."라고 말해 주는 이가 있었다면 참 좋았을 것 같다고 속마음을 내비쳤다. 그러면서 작은 소망을 노래했다.

"생각보다 많은 성범죄 피해자들이 피해자임에도 불구하고 수치심과 죄책감을 가지고 살아가고 있다. 비슷한 일을 겪은 누군가에게 내가 힘이 됐으면 한다."

나와 당신은
사랑과 유능감을 가진 존재입니다

기억해야 한다. 예수의 가르침도, 한국인 최초 노벨문학상 수상자 한강의 메시지도, 밥을 짓는 엄마와 집을 짓는 아빠의 마음도 결국 사랑임을. 이 책을 지은 나의 마음도 결국 사랑이다. 그 사랑은 당신을 향하고, 당신을 위하고, 당신이기에 충분하다. 모자람이 전혀 없다. 차고 넘친다고 표현해도 지나치지 않는다.

또 기억해야 한다. 칭찬은 고래도 춤추게 하고, 미움받을 용기를 내게 하고, 모든 감정과 생각, 느낌이 소중한 이유는 당신이 쓰임받는 존재이기 때문이라는 것을. 당신이 쓰임받는 자리가 어디든 초라하거나 곤궁하지 않다. 당신은 어디서든 누구에게나 꽤 괜찮은 존재이기 때문이다. 좋아하고, 관심 있고, 잘 해낼 그 무엇인가가 반드시 존재하기 때문이다.

이 책을 관통하는 두 가지 메시지는 '사랑' 그리고 '유능감'이다. 그 사랑과 유능감이 당신의 자존감을 지킬 것이다. 그 자존감이 당신의 세상을, 당신의 꿈과 비전을, 당신의 소망을 더욱 아름답게 만들 것이다. 그 자존감이 누군가의 가슴속에서 당신이 가장 반짝이도록 몇억 광년을 달려 형언할 수 없는 빛을 비출 것이다.

그러니까 좌절하지 말자. 포기하지 말자. 주저앉지도 말자. 절대 당신을 괴롭혀서는 안 된다. "그래도 괜찮아.", "뭐 이런 걸 가지고."라고 푸념하며 털어 내야 한다. 당신은 그럴 자격이 있다. 당신은 존재만으로 소중하고, 당신은 사랑받기 위해 태어났기 때문이다.

여기서 한 걸음 더 나아가, 그 자존감을 누군가에게 알려 주자. 그 사람이 사랑과 유능감을 되찾도록 도와주자. 그래야 그 사람도 조건 없이 사랑받고, 효능감과 유능감을 가진 존재임을 깨닫지 않겠는가.

오늘 여기서 우리 다짐하고, 약속하자. 매일 나에게, 그리고 당신이 만나는 모든 이들에게 이 메시지를 전하기로.

"당신은 존재만으로 소중합니다.
당신만이 가장 멋지게 해낼 바로 그 사명이 분명 있습니다.
절대로 자존감이 낮을 이유가 없습니다."

이 책이 나와 당신을 연결해 주리라 굳게 믿는다. 그 소망을 가득 담아 내 숨과 혼, 열정과 에너지를 담아내려 부단히 애를 썼다. 그러나 탈고하고 나면 언제나 그렇듯, 아쉽고 모자라고 부끄럽다. 이 점 독자들에게 깊은 양해를 구하며 더 성장하고, 더 성숙하고, 더 마음에 와닿는 글로 찾아오겠다는 약속을 남긴다. 모든 순간, 당신에게 사랑을 전하며.

참고 문헌(미주)

1 | 동아출판 사서편집국. (2019). 동아새국어사전. 서울: 동아출판.

2 | 조앤 로이드 게스트. (2023). 자존감. 서울: IVP.

3 | 데이비드 칼슨. (2002). 자존감. (이관직 역). 서울: 두란노.

4 | 주디스 벨몬트. (2020). 나에게 주는 최고의 선물 자존감. (홍유숙 역). 경기: 미래타임즈

5 | 김종원. (2023). 66일 자존감 대화법. 서울: 카시오페아.

6 | 김지성, 김화수. (2012). 의사소통 능력이 청소년의 지적발달 및 자존감, 자아탄력성, 삶의 만족도에 미치는 영향. 국제다문화의사소통학회 학술대회 논문집, 11권, 153-162.

7 | 정옥분. (2024). 발달심리학. 서울: 학지사.

8 | 윤홍균. (2016). 자존감 수업. 서울: 심플라이프.

9 | 노안영. (2018). 성격심리학. 서울: 학지사.

10 | 권석만. (2023). 현대 이상심리학. 서울: 학지사.

11 | 마이클 투히그. (2023). 불안한 완벽주의자를 위한 책 자기증명과 인정욕구로부터 벗어나는 10가지 심리학 기술. (클라리사 옹 역). 경기 :수우서재.

12 | 조앤 로이드 게스트. (2023). 자존감. 서울: IVP

13 | 안티나 마운틴, 크리스 데이비슨. (2015). 교류분석 커뮤니케이션 방법을 바꾸는 세 가지 비밀. (김미례, 김병윤, 김영호 역) 서울: 학지사.

14 | 조앤 로이드 게스트. (2023). 자존감. 서울: IVP

15 | 주디스 벨몬트. (2020). 나에게 주는 최고의 선물 자존감. (홍유숙 역). 경기: 미래타임즈

16 │ 주디스 벨몬트. (2020). 나에게 주는 최고의 선물 자존감. (홍유숙 역). 경
　　　기: 미래타임즈

17 │ 박성희. (2012). 수용사람의 마음과 행동을 변화시키는 힘. 서울: 이너북스.

18 │ 김종원. (2023). 66일 자존감 대화법. 서울: 카시오페아.

19 │ 이무석. (2011). 자존감. 서울: 비전과 리더십.

20 │ 문지호. (2024.7.7). 안락사의 실체와 의학적 문제점. 온누리신문. pp.A5

21 │ Coopersmith(1967) 제작, 강종구(1986) 번역. 신뢰도 r=.86〉

22 │ 버지니아 사티어. (1993). 사람만들기. (성민선 역). 서울: 홍익제. (1988).

23 │ 노안영. (2018). 성격심리학. 서울: 학지사.

24 │ 윤홍균. (2016). 자존감 수업. 서울: 심플라이프.

25 │ 이무석. (2011). 자존감. 서울: 비전과 리더십.

26 │ 데이비드 칼슨. (2002). 자존감. (이관직 역). 서울: 두란노.

27 │ 윤홍균. (2016). 자존감 수업. 서울: 심플라이프.

28 │ 조앤 로이드 게스트. (2023). 자존감. 서울: IVP.

29 │ 성주명. (2012). 뒤늦게 찾은 행복. 서울:두란노.

30 │ 최옥채, 박미은, 서미경, 전석균. (2023). 인간행동과 사회환경(제7판). 경
　　　기: 양서원.

31 │ 양돈규. (2017). 심리학사전(제2판). 서울: 박영사.

32 │ 조윤경. (2003). 한국인의 나의식－우리의식과 개별성－관계성, 심리사회
　　　적 성숙도 및 대인관계문제와의 관계. 한국심리학회지. 15(1) 91－110.

33 │ 동아출판 사서편집국. (2019). 동아새국어사전. 서울: 동아출판.

34 │ 동아출판 사서편집국. (2019). 동아새국어사전. 서울: 동아출판.

35 │ 양돈규. (2017). 심리학사전(제2판). 서울: 박영사.

36 │ 주디스 벨몬트. (2020). 나에게 주는 최고의 선물 자존감. (홍유숙 역). 경
　　　기: 미래타임즈

37 │ 이무석. (2011). 자존감. 서울: 비전과 리더십.

38 | 주디스 벨몬트. (2020). 나에게 주는 최고의 선물 자존감. (홍유숙 역). 경기: 미래타임즈

39 | 윤홍균. (2016). 자존감 수업. 서울: 심플라이프.

40 | 양돈규. (2017). 심리학사전(제2판). 서울: 박영사.

41 | 양돈규. (2017). 심리학사전(제2판). 서울: 박영사.

42 | 주디스 벨몬트. (2020). 나에게 주는 최고의 선물 자존감. (홍유숙 역). 경기: 미래타임즈

43 | 주디스 벨몬트. (2020). 나에게 주는 최고의 선물 자존감. (홍유숙 역). 경기: 미래타임즈

44 | 제시 H. 라이트. (2019). 인지행동치료. 서울: 학지사.

45 | 안나 프로이트. (2015). 자아와 방어 기제. (김건종 역). 경기: 열린책들

46 | 버지니아 사티어. (2023). 아이는 무엇으로 자라는가. (강유리 역). 서울: 포레스트북스. (1988). 버지니아 사티어. (2023). 아이는 무엇으로 자라는가. (강유리 역). 서울: 포레스트북스. (1988).

47 | 장선철, 김래경, 최은미, 김남원. (2017). 21세기 행복학. 서울: 태영출판사.

48 | 헨리 나우웬. (2022). 상처 입은 치유자. (최원준 역). 서울: 두란노. (1972).

49 | 이정환. (2017). 내 마음이 아픕니다. 서울: 쿰란출판사.

50 | 양돈규. (2017). 심리학사전(제2판). 서울: 박영사.

51 | 노안영. (2018). 성격심리학. 서울: 학지사.

52 | 정옥분. (2024). 발달심리학. 서울: 학지사.

53 | 권석만. (2023). 현대 이상심리학. 서울: 학지사.

54 | 동아출판 사서편집국. (2019). 동아새국어사전, 서울: 동아출판.

55 | 양돈규. (2017). 심리학사전(제2판). 서울: 박영사.

56 | 우종민. (2013). 우종민 교수의 심리경영. 서울: 해냄출판사.

57 | 양돈규. (2017). 심리학사전(제2판). 서울: 박영사.

58 | 이정환. (2017). 내 마음이 아픕니다. 서울: 쿰란출판사.

59 | 조앤 로이드 게스트. (2023). 자존감. 서울: IVP

60 | 양돈규. (2017). 심리학사전(제2판). 서울: 박영사.

61 | 김진국. (2021). 따뜻한 심리학. 경기: 어나더북스

62 | 권석만. (2023). 현대 이상심리학. 서울: 학지사.

63 | 로빈 쿡. (2017). 중독. (홍영의 역). 서울: 오늘.

64 | 이정환. (2017). 내 마음이 아픕니다. 서울: 쿰란출판사.

65 | 알프레드 아들러. (2023). 아들러 인생방법 심리학. (한성자 역). 서울: 동
서문화사. (2017).

66 | 데이비드 칼슨. (2002). 자존감. (이관직 역). 서울: 두란노.

67 | 마이클 투히그. (2023). 불안한 완벽주의자를 위한 책 자기증명과 인정욕
구로부터 벗어나는 10가지 심리학 기술. (클라리사 옹 역). 경기 :수우서재.

68 | 기쿠치 노리코, 이케다 아키코. (2019). 자존감 높이기. (안수지 역). 경기:
루덴스미디어.

69 | 오은영. (2020). 어떻게 말해줘야 할까. 경기: 김영사.

70 | 존 카밧진. (2017). 마음챙김 명상과 자기치유. (김교현 역). 서울: 학지사.
(1973).

71 | 제시 H. 라이트. (2019). 인지행동치료. 서울: 학지사.

72 | 타라 브랙. (2018). 자기 돌봄. (이재석 역). 서울: 생각정원.

73 | 박성희. (2012). 수용사람의 마음과 행동을 변화시키는 힘. 서울: 이너북스.

74 | 전의진. (2024). 자존감 연습. 서울: 바른북스.

75 | 오은영. (2020). 어떻게 말해줘야 할까. 경기: 김영사.

76 | 홍하영. (2022. 10. 23). 나는 존재 자체만으로도 귀한 사람. 온누리신문.
pp.A5

77 | 오카 에리. (2020). 오랫동안 내가 싫었습니다. (황국영 역). 서울: 휴머니
스트.

78 | 홍하영. (2022. 10. 23). 나는 존재 자체만으로도 귀한 사람. 온누리신문. pp.A5

79 | 마이클 투히그. (2023). 불안한 완벽주의자를 위한 책 자기증명과 인정욕구로부터 벗어나는 10가지 심리학 기술. (클라리사 웅 역). 경기 :수우서재.

80 | 김범준. (2018). 모든 관계는 말투에서 시작된다. 서울: 위즈덤하우스

81 | 양돈규. (2017). 심리학사전(제2판). 서울: 박영사.

82 | 양돈규. (2017). 심리학사전(제2판). 서울: 박영사.

83 | 김수연. (2022). 쉽게 읽는 보웬 가족치료. 경기: 리얼러닝

84 | 성진규. (2021). 비극의 대물림 세대간 전이 된다. 하이닥. 인터넷판.

85 | 주디스 벨몬트. (2020). 나에게 주는 최고의 선물 자존감. (홍유숙 역). 경기: 미래타임즈

86 | 동아출판 사서편집국. (2019). 동아새국어사전, 서울: 동아출판.

87 | 멀린 캐러더스. (2024). 감사의 능력. (이지혜 역). 서울: 규장.

88 | 김재영. (2016). 작은 성공 큰 행복. 서울: 책과나무.

89 | 헨리 클라우드. (2024). 신뢰의 기술. (정성묵 역). 서울: 위더북

90 | 동아출판 사서편집국. (2019). 동아새국어사전, 서울: 동아출판.

91 | 마티유 리카르. (2019). 이타심 자신과 세상을 바꾸는 위대한 힘. (이희수 역). 서울: 하루헌.

92 | 롤프 메르클레. (2007). 나를 특별하게 하는 자기 사랑의 심리학. 21세기북스.

93 | 김희동, 이성희. (2023). 의사소통. 서울: 동문사.

94 | 김수민. (2019. 10.29). 말에도 '레시피'가 있다. 온누리신문. pp.A9

95 | 댄 알렌더. (2014). 의사소통. 서울: 은혜출판사.

96 | 버지니아 사티어. (1993). 사람만들기. (성민선 역). 서울: 홍익제. (1988).

97 | 이외선 이경숙, 구혜자. (2020). 간호대학생의 의사소통 중요성 인식, 자존감 및 의사소통능력

98 ｜ 유미자. (2018). 의사소통 훈련 프로그램이 간호사의 의사소통능력, 감성
　　　지능(EQ), 자존감 및

99 ｜ 최정란. (2014). 사티어경험적가족치료모델 의사소통훈련 결혼준비교육
　　　이 참여자들에게 미치는 영향. 가족과 가족치료, 22(3), 229-251.

100 ｜ 오현주, 최승미, 조현, 권정혜. (2012). 회피애착이 신혼기 부부의 결혼
　　　만족에 미치는 영향: 자존감 및 의사소통의 매개효과. 가족과 가족치
　　　료, 20(3), 525-546.

101 ｜ 신숙. (2008). 사티어의 가족치료 이론안에서 의사소통과 자존감의 관
　　　계에 관한 연구. [석사학위논문, 한세대학교]. https://www.riss.kr.

102 ｜ 버지니아 사티어. (2023). 아이는 무엇으로 자라는가. (강유리 역). 서울:
　　　포레스트북스. (1988).

103 ｜ 기류 미노루. (2024). 말하기 고수들만 아는 대화의 기술. (이경미 역). 경
　　　기: 더페이지.

104 ｜ 버지니아 사티어. (2023). 아이는 무엇으로 자라는가. (강유리 역). 서울:
　　　포레스트북스. (1988).

105 ｜ 버지니아 사티어. (2023). 아이는 무엇으로 자라는가. (강유리 역). 서울:
　　　포레스트북스. (1988).

106 ｜ 유병철. (2018). 대안학교 위탁청소년의 의사소통과 자존감에 관한 현
　　　상학 연구: Satir의 성장

107 ｜ 김숙경. (2024). 사랑해서 결혼한 당신에게. 서울: 두란노

108 ｜ 김숙경, 황규복. (2017). 사랑에 다가서다. 서울: 토기장이.

109 ｜ 샘 혼. (2023). 적을 만들지 않는 대화법. (이상원 역). 서울: 갈대나무.
　　　(2008).

110 ｜ 에리히 프롬. (2019). 사랑의 기술. (황문수 역). 서울: 문예출판사

111 ｜ 이상억. (2021). 백번의 위로 사랑합니다. 서울: MCInstitute.

112 ｜ 김수민. (2019. 10.29). 말에도 '레시피'가 있다. 온누리신문. pp.A9

113 │ 버지니아 사티어. (2000). 사티어 모델. (한국버지니아사티어연구회 역). 서울: 김영애가족치료연구소. (1988).

114 │ 김효창. (2018). 인간관계론. 서울: 휴먼북스.

115 │ 김수민. (2019. 10.29). 말에도 '레시피'가 있다. 온누리신문. pp.A9

116 │ 기류 미노루. (2024). 말하기 고수들만 아는 대화의 기술. (이경미 역). 경기: 더페이지.

117 │ 댄 알렌더. (2014). 의사소통. 서울: 은혜출판사.

118 │ 양돈규. (2017). 심리학사전(제2판). 서울: 박영사.

119 │ 양돈규. (2017). 심리학사전(제2판). 서울: 박영사.

120 │ 최다희. (2024). 눈치 보지 않고 말하고 싶습니다. 서울: 유노북스

121 │ 김숙복, 정윤화, 정일동, 김도진. (2020). 인간관계와 의사소통바람직한 인간관계를 형성하는 훈련과 방법. 경기: 백산출판사.

122 │ 최다희. (2024). 눈치 보지 않고 말하고 싶습니다. 서울: 유노북스

123 │ 황규복, 김숙경. (2023. 6.4). 고맥락 언어와 저맥락 언어. 온누리신문. pp. A6

124 │ 이정환.(2017). 내 마음이 아픕니다. 서울: 쿰란출판사.

125 │ 김범준. (2018). 모든 관계는 말투에서 시작된다. 서울: 위즈덤하우스

126 │ 김숙경. (2024). 사랑해서 결혼한 당신에게. 서울: 두란노

127 │ 헨리 클라우드. (2024). 신뢰의 기술. (정성묵 역). 서울: 위더북

128 │ 안티나 마운틴, 크리스 데이비슨. (2015). 교류분석 커뮤니케이션 방법을 바꾸는 세 가지 비밀. (김미례, 김병윤, 김영호 역) 서울: 학지사.

129 │ 김숙경. (2020). 그런 당신이 좋다. 서울: 두란노

130 │ 김효창. (2018). 인간관계론. 서울: 휴먼북스.

131 │ 샘 혼. (2023). 적을 만들지 않는 대화법. (이상원 역). 서울: 갈대나무. (2008).

132 │ 배시은. (2021.11.7). 통제할 수 없는 상황과 심리적 어려움 대처법. 온

누리신문. pp.A6

133 | 이상억. (2021). 백번의 위로 사랑합니다. 서울: MCInstitute.

134 | 정문자. (2003). 사티어 경험적 가족치료. 서울: 학지사.

135 | 양돈규. (2017). 심리학사전(제2판). 서울: 박영사.

136 | 김숙경, 황규복. (2017). 사랑에 다가서다. 서울: 토기장이.

137 | 이장호, 금명자. (2010). 상담연습교본. 경기: 법문사.

138 | 천성문. (2019). 상담사례 이해와 슈퍼비전. 서울: 학지사.

139 | 양돈규. (2017). 심리학사전(제2판). 서울: 박영사.

140 | 양돈규. (2017). 심리학사전(제2판). 서울: 박영사.

141 | 김숙경, 황규복. (2017). 사랑에 다가서다. 서울: 토기장이.

142 | 김효창. (2018). 인간관계론. 서울: 휴먼북스.

143 | 김효창. (2018). 인간관계론. 서울: 휴먼북스

144 | 김지성, 김화수. (2012). 의사소통 능력이 청소년의 지적발달 및 자존
감, 자아탄력성, 삶의 만족도에 미치는 영향. 국제다문화의사소통학회
학술대회 논문집, 11권, 153–162.

145 | 양돈규. (2017). 심리학사전(제2판). 서울: 박영사.

146 | 정옥분. (2024). 발달심리학. 서울: 학지사.

147 | 김효창. (2018). 인간관계론. 서울: 휴먼북스

148 | 최옥채, 박미은, 서미경, 전석균. (2023). 인간행동과 사회환경(제7판).
경기: 양서원.

149 | 천성문, 차명정, 이형미, 류은영, 정은미, 김세경, 이영순. (2015). 상담
기법연습. 서울: 학지사.

150 | 이장호, 금명자. (2010). 상담연습교본. 경기: 법문사.

151 | 김효창. (2018). 인간관계론. 서울: 휴먼북스

152 | 박민자, 정혜정. (2006). 미술치료를 활용한 Satir 집단프로그램이 가정
폭력 피해여성의 자존감과 의사소통 향상에 미치는 효과. 가족과 가족

치료, 14(1), 21-49.

153 | 안티나 마운틴, 크리스 데이비슨. (2015). 교류분석 커뮤니케이션 방법
    을 바꾸는 세 가지 비밀. (김미례, 김병윤, 김영호 역) 서울: 학지사.

154 | 양돈규. (2017). 심리학사전(제2판). 서울: 박영사.

155 | 댄 알렌더. (2014). 의사소통. 서울: 은혜출판사.

156 | 양돈규. (2017). 심리학사전(제2판). 서울: 박영사.

157 | 김희동, 이성희. (2023). 의사소통. 서울: 동문사.

158 | 양돈규. (2017). 심리학사전(제2판). 서울: 박영사.